manual da boa escrita
vírgula, crase, palavras compostas

Lexikon | *obras de referência*

MARIA TEREZA DE QUEIROZ PIACENTINI

manual da boa escrita

vírgula, crase, palavras compostas

2ª edição – 3ª impressão

LEXIKON EDITORA DIGITAL LTDA.
Av. Rio Branco, 123 sl. 1710 - Centro
20040-905 Rio de Janeiro – RJ – Brasil
Tel.: (21) 2560 2601
www.lexikon.com.br – sac@lexikon.com.br

Veja também www.aulete.com.br – seu dicionário na internet

1ª edição – 2014
1ª edição – 2ª impressão - 2015
2ª edição – 2017
2ª edição – 2ª impressão - 2020

EDITOR
Paulo Geiger

PRODUÇÃO EDITORIAL
Sonia Hey

DIAGRAMAÇÃO
Filigrana Design

CAPA
Luis Saguar

CIP-BRASIL. CATALOGAÇÃO NA PUBLICAÇÃO
SINDICATO NACIONAL DOS EDITORES DE LIVROS, RJ

P641m
2. ed.

Piacentini, Maria Tereza de Queiroz
Manual da boa escrita : vírgula, crase, palavras compostas / Maria Tereza de Queiroz Piacentini. – 2. ed. – Rio de Janeiro : Lexikon, 2017.
200 p. ; 21 cm.

Inclui índice
exercícios
ISBN: 978858300029-7

1. Língua portuguesa - Gramática. I. Título.
CDD: 469.8
CDU: 811.134.3

DO PORTUGUÊS QUEM É QUE CUIDA?

Nossa língua é a quinta mais falada no mundo e a terceira mais usada na internet. Por isso, não despreze o conhecimento do português! A primeira vítima é você! As seguintes são sua família, seus amigos, as pessoas com as quais você convive ou com as quais precisa tratar de algum tema, falando ou escrevendo.

Foi para ajudá-lo que Maria Tereza de Queiroz Piacentini, professora e revisora da Língua Portuguesa, escreveu este livro. O editor Carlos Augusto Lacerda, que se notabiliza por publicar obras de referência, não descansou enquanto não o levou para a Lexikon.

Se você ainda não conhece a autora, saiba que foi ela quem cuidou do texto da Constituição do Estado de Santa Catarina.

O livro que vocês, prezados leitores, têm diante dos olhos vai ser lido com gosto do começo ao fim. Mais do que isso: vai servir de consulta. Mais ainda: vai ser colocado em algum lugar de onde será fácil tirá-lo para apreciação.

Falemos de outras coisas, então, embora de domínio conexo.

Emanuel Swedenborg, cientista, místico e teólogo do século XVIII, dizia que o Céu não era proibido aos maus, mas apenas aos bobos, pois não há ofensa maior ao Criador do que ser incapaz de reconhecer e admirar a beleza indescritível da exuberante obra que é o Paraíso.

Com a língua portuguesa, dá-se algo parecido. Só não a admira quem não a conhece. Mas há algo ainda pior: muitos brasileiros detestam a língua que falam e na qual sofrem para dizer algo por escrito. Sofrem também para entender o que outros escreveram! Não me refiro a textos especializados, como os jurídicos, mas a textos do dia a dia.

Há inúmeros recursos para cuidarmos da língua de nosso convívio, aquela na qual amamos e trabalhamos, aquela à qual recorremos em todas as ocasiões, até mesmo para odiar o próximo.

Sempre que leio um novo livro que tem o objetivo de ensinar a língua portuguesa, me pergunto: é indispensável? Por que ler mais um, em meio a tantos outros que lemos, uns por necessidade, outros por prazer?

Será que há algo ainda a fazer pelo ensino e pela aprendizagem da língua portuguesa que ainda não foi feito? Sim, há. Todos os que escrevem, acrescentam um tijolo a essa permanente construção, que mais parece uma obra de Santa Engrácia, aquela que nunca termina. A metáfora continua, mas em 1966 a igreja da santa famosa foi enfim concluída, 286 anos depois de seu início. A postergação deveu-se à praga de um monge injustamente condenado por ter bulido com uma freira ali por perto.

Que monge e que praga lançou sobre os brasileiros para nos desinteressarmos tanto do português? Que templo afinal devemos concluir? Neste livro, o que a autora nos ensina e como nos ensina? Ela ensina que muitos são os temas da gramática da língua portuguesa brasileira que suscitam intermináveis dúvidas, até mesmo para quem já escreve bem. Aqui eles estão expostos de forma simples, direta, de fácil compreensão.

As explicações da autora são sempre claras, ilustradas com exemplos do dia a dia.

Quando usar a crase? Não faça como muitas de nossas autoridades, que enfeiam estradas, ruas e cidades com placas repletas de erros de crase! Aprenda ou reforce seu conhecimento com a autora, que anexou exercícios muito pertinentes às lições.

Também são desfeitos os mistérios do uso (ou não) do hífen. O Acordo Ortográfico de 2009 fixou novas normas para as mais diversas situações, nas quais palavras se juntam para ganhar um novo significado ou sentido.

A professora Maria Tereza de Queiroz Piacentini trouxe da sala de aula um conhecimento privilegiado das dificuldades dos alunos. Trabalhando sobre elas, organizou este *Manual*, tornando-o livro indispensável para todos os que se interessam por escrever bem.

Deonísio da Silva

SUMÁRIO

PARTE 1

VÍRGULA

I – A VÍRGULA ENTRE TERMOS DA ORAÇÃO

1. Padrões de oração sem vírgula

Não se coloca vírgula entre os termos essenciais e integrantes da oração, isto é, aqueles que constituem as posições básicas ou funções primárias de uma oração. Só se usará a vírgula se entre eles houver uma intercalação.

De acordo com a gramática tradicional, os termos essenciais são o sujeito, o predicado (cujo núcleo é o verbo) e o predicativo. Os termos integrantes são os complementos verbais (objeto direto e objeto indireto), o complemento nominal e o agente da passiva.

Quando se encontram na ordem direta, esses termos não se separam por vírgula; mas eles também podem estar em outra ordem sem a mediação da vírgula: o objeto indireto antes do verbo ou o verbo antes do sujeito, por exemplo. Vamos então ver os padrões oracionais mais comuns desses casos.

Os adjuntos que exprimem circunstância serão abordados em capítulo à parte. Mas, de modo a completar o sentido da frase, podem aparecer também no final das orações abaixo:

SUJEITO / VERBO / COMPLEMENTOS

> O prefeito / apresentou / novos projetos cicloviários para o planejamento da cidade.
>
> Minha prima / doou / um livro de poemas antigo à biblioteca estadual.
>
> Os interessados / devem enviar / sua proposta por e-mail em no máximo 20 dias.

VERBO / SUJEITO / COMPLEMENTOS

> Discursou / o douto magistrado / para seus colegas apenas.
>
> Mostrou / a pesquisa / os resultados do pleito à população.

SUJEITO / VERBO / PREDICATIVO

A derrota / poderá ser / uma boa aula para os atletas.

O objetivo do Fundo / é / a promoção do desenvolvimento regional e municipal.

PREDICATIVO LOCATIVO / VERBO / SUJEITO

Entre outras ideias apresentadas / está / a preservação de mangues e encostas.

Nesse grupo / ficam / os tribunais de Santa Catarina, Amapá e Distrito Federal.

SUJEITO / VERBO / OBJETO DIRETO / OBJETO INDIRETO

O evento /marcou / a abertura do mercado / aos países asiáticos.

A inobservância das obrigações estabelecidas nesta lei / sujeitará / o infrator / às penas previstas na legislação em vigor.

SUJEITO / VERBO / OBJETO INDIRETO / OBJETO DIRETO / ADJUNTO

(nós) / Vimos solicitar / de Vossa Senhoria / providências imediatas / no tocante à localização do volume extraviado.

Eles / devem dispor / ao BIRD e ao BRDE / todos os registros das operações / com vistas à realização das auditorias.

VERBO / OBJETO DIRETO / SUJEITO

Já transcendeu / os limites do continente africano / a violência dessa nova epidemia chamada Ebola.

VERBO / OBJETO INDIRETO / SUJEITO

Cumpre / ao Legislativo / a formulação de boas leis.

OBJETO DIRETO / OBJETO INDIRETO / VERBO / SUJEITO

Quanta inovação / nos / permitem / esses dispositivos!

OBJETO INDIRETO / VERBO / SUJEITO

Ao Supremo Tribunal de Justiça / caberá / a decisão final.

No seleto grupo / constam / artistas nacionais e estrangeiros.

Pronome *quem*

É possível quebrar a norma e usar a vírgula entre o sujeito e o predicado no caso de frases iniciadas com o pronome *quem* (ou "*os que*", "*aqueles que*") quando aparecem dois verbos juntos ou mesmo aproximados:

Quem sabe, sabe.

Quem for, verá.

Quem lê bem, escreve bem.

Quem ama, educa.

Quem diz sou, não é.

Quem diz vou, não vai.

Quem diz não, é teimoso.

Não havendo problemas de clareza, ou até mesmo de estética, deve-se deixar a vírgula de fora:

Quem não deve não teme.

Quem não lê não escreve.

Os que perseveram conseguem atingir seus propósitos.

Quem tudo quer tudo perde.

Quem consola sabe como é bom ser consolado.

2. Adjuntos de circunstância

Os adjuntos que exprimem circunstância (modo, tempo, lugar, meio etc.), podem ser expressos por uma só palavra (um advérbio) ou por várias (uma locução adverbial). Em princípio, eles não são separados por vírgula quando se encontram no final da oração, depois dos complementos verbais e nominais, pois essa é sua posição natural:

Todas as compras foram feitas *ontem de manhã*.

A cantora fez um show *em São Paulo recentemente*.

A assembleia do sindicato foi realizada *na tarde de terça-feira no centro da Capital.*

Todos se comportaram *muito bem nas manifestações de rua em Florianópolis.*

Machado de Assis nasceu *no Rio de Janeiro em 1839.*

As crianças costumam voltar *da escola*[1] *às seis da tarde.*

Também a posição junto ao verbo e no início da oração é confortável e natural para esses adjuntos. Neste capítulo vamos ver as duas situações separadamente. Primeiro, devemos observar que não se põe entre vírgulas o advérbio situado ao lado do verbo:

Eu *realmente* gosto de você.

Este lugar é *extremamente* agradável.

Ela *geralmente* traz o seu lanche.

Vamos *agora* para o escritório.

Ele não disse *ainda* a que veio.

Ela comprou *aqui* um par de luvas.

As crianças *talvez* queiram ir junto.

Não se justificam as vírgulas em "não fez, ainda, os deveres", "vamos, agora, para o escritório" ou "deixou, aqui, os documentos" a não ser que se queira dar excepcional relevo ou ênfase.

Advérbios de modo terminados em *-mente*

Os advérbios de modo que terminam em *-mente* não precisam ser colocados entre vírgulas – sobretudo quando ligados a um verbo – e tampouco é preciso separá-los por vírgula no início da frase:

Falou *incansavelmente* para a multidão.

---

1 "A Nomenclatura Gramatical Brasileira não distingue os advérbios e adjuntos adverbiais de valor meramente acidental dos que são necessários ao entendimento da oração. Considera, pois, ADJUNTO ADVERBIAL, ou seja um termo acessório dela, O COMPLEMENTO DIRECIONAL que aparece em frases como FUI A CAMBRIDGE, VIM DE LISBOA, VOLTEI DO COLÉGIO" (Cunha e Cintra, 2013, p. 575). Também Luft (1987, p. 6-7) se refere a esses termos como complemento locativo.

Saiu-se *razoavelmente* bem.

Esta é uma medida *tecnologicamente* possível.

Disse que *lamentavelmente* não havia condições de retorno.

As cores azul e verde correspondem *respectivamente* aos grupos 10 e 11.

Felizmente o pior já passou.

Só se usará a vírgula se se quiser dar ênfase especial ao que o advérbio expressa:

Disse, *inaudivelmente,* que não se casaria.

Infelizmente, não nos encontramos no colégio.

As cores azul e verde correspondem, *respectivamente,* aos grupos 10 e 11.

ATENÇÃO: *uma vírgula só*

Não se deve usar uma vírgula depois do adjunto que se coloca no meio de duas orações e que tenha uma vírgula necessária à sua frente, para que ele não fique isolado entre vírgulas, deixando o leitor sem saber a que termos ele está relacionado:

Coisas de que eu reclamava, como o fato de a novela ser longa e exaustiva, *hoje* não me parecem um grande problema.

[e não: ...exaustiva, hoje, não me parecem]

Antes de sair do clube, *disfarçadamente* ele passa um bilhetinho à moça.

[tem significado diferente: "Antes de sair do clube disfarçadamente, ele passa um bilhetinho à moça."]

Locuções adverbiais

As locuções adverbiais, por serem formadas por mais de uma palavra, podem ser isoladas com vírgulas:

- uma só, no início da oração, quando se deseja marcar a pausa:

Graças a Deus, o furacão já passou.

De lá para cá, suas formas se ampliaram.

Com certeza, estaremos presentes.

No meu entendimento, sua redação está ótima.

Não havendo necessidade de ênfase ou pausa, a vírgula é dispensável:

Graças a Deus o furacão já passou.

De lá para cá suas formas se ampliaram.

Com certeza estaremos presentes.

Por certo haverá muita comida e diversão.

- duas, quando intercaladas, desde que haja necessidade de realce:

Haverá, *por certo*, muita comida e diversão.

Sua redação, *no meu entendimento*, está ótima.

Encaminho-lhe, *em anexo*, o mapa da região.

Atestamos, *para os devidos fins*, que Santos é pessoa idônea.

Em frases curtas, a leitura fica mais fluida sem as vírgulas:

Haverá *por certo* muita comida e diversão.

Encaminho-lhe *em anexo* o mapa da região.

Atestamos *para os devidos fins* que Santos é pessoa idônea.

Adjuntos de tempo e lugar

É muito comum começar uma frase com os adjuntos adverbiais de *tempo* ou de *lugar*. Nessa posição eles podem ou não vir separados por vírgula, dependendo do tipo de frase, do estilo e gosto pessoal ou da extensão do adjunto. Essa vírgula é facultativa porque não interfere na clareza; sua ausência não cria ambiguidade. Ela tem mais a ver com a entonação e a pausa na leitura; por isso, quanto menor o adjunto, mais dispensável é essa vírgula, principalmente no caso de a frase conter outras vírgulas que sejam obrigatórias. Devo ressaltar que um texto menos virgulado é sempre mais fluente.

Alguns exemplos das duas modalidades de uso:

Com vírgula

Em 1994, o primeiro ocidental a rever as relíquias foi o arqueólogo Manfred Korfmann.

No dia 30 de maio de 2001, o diretor foi agredido pelo aluno R.S.C.

Nos anos 60, os sócios dos Diários Associados encomendaram ao pintor paulistano Wesley Duke Lee um quadro de Chatô.

Às 19h30 de 12 de abril de 1972, o dirigente comunista João Amazonas embarcaria num ônibus na rodoviária de Anápolis/GO rumo a Marabá/PA.

No Brasil, a empresa fechou contratos importantes durante o primeiro trimestre.

Nos últimos dias, o governo passou a liberar verbas para emendas dos parlamentares.

Atualmente, as vendas de cosméticos movimentam 1,5 bilhão de dólares ao ano.

Sem vírgula

Em 1985 ocorreu novo surto de sarampo.

Em 21 de julho de 1969 o homem pisou na Lua.

No ano de 1893 o então governador do estado rompeu com o governo republicano.

Nos próximos dias os brasileiros assistirão a um embate jurídico de peso.

No Brasil foi criado um *ranking* que avalia as companhias de acordo com seu desempenho no campo da ética dos negócios.

Na mesma cidade encontra-se o expoente máximo da modernidade.

No ano passado me convidaram para ir a Fortaleza.

A cada dia que passa só aumenta a curiosidade do país sobre a bolada de R$ 1,3 milhão.

Há um ano ele saltou de parapente do Morro da Igreja, em Urubici.

NOTA

Ressaltamos que, como exemplificado na p. 12, em orações com verbo de ligação (ser, estar, permanecer, ficar), o que tem a feição de adjunto adverbial pode ser um "predicativo locativo", o qual não se separa por vírgula:

No primeiro grupo estão os efeitos sobre o corpo humano.

Nessa categoria de risco estaria a transmissão de elementos alergênicos.

Em algumas das paredes ficarão os quadros menores.

Hoje é dia de festa!

Vale enfatizar, com exemplos de excelentes escritores brasileiros, que é bem possível deixar de separar por vírgula os adjuntos adverbiais de **tempo, lugar** e **modo** quando eles se deslocam do final para o início da oração:

Momentos depois ela voltava para dizer que Seu Edmundo estava numa das olarias e que só viria à tarde.

Naquele exato momento os dois irmãos entravam na clínica onde Aníbal fora internado.

(JOSUÉ GUIMARÃES em *Camilo Mortágua*)

Nos fundos do terreno vejo apenas o petiço do caseiro comendo a grama que a geada crestou.

Aos poucos avalio a vantagem de se viver numa cidade do tamanho de São Paulo. *Aqui* a maledicência não me persegue.

À noite sou menos apática quando ele analisa a textura da minha pele...

(DOROTHY CAMARGO GALLO em *Endiabrada*)

Às oito da manhã fui para a Estação da Luz.

(RUBEM FONSECA em *A grande arte*)

Naquela mesma noite Camisão experimentou as primeiras cólicas.

A 11 de janeiro de 1867 deixamos Miranda.

(DEONÍSIO DA SILVA em *Avante, soldados: para trás*)

Nessa mesma tarde ouviu-se a cadência de patas nas pedras da rua do Mercado.

Depois o vento continuou a soprar em silêncio.

De súbito deu-lhe um instinto, virou-se para o outro lado da cama com ferocidade.

Nessa época estava realmente no apogeu.

Dias depois foi buscar o resultado.

Então apagou tudo e recomeçou.

(CLARICE LISPECTOR em *A cidade sitiada*)

De repente lembrou-se de que já se vira numa situação assim.

Às onze e meia entrou o bloco dos pierrôs vermelhos que tinham espiado o morto do alto da escada.

De luz apagada Amaro ficou debruçado à janela do quarto.

E naquela noite não se falou mais no livro.

(ERICO VERISSIMO em *Um lugar ao sol*)

Relativamente comum é virgularmos expressões de *tempo* ou *lugar* frente à necessidade de separação de dois adjuntos adverbiais no início da frase – aí, sim, a primeira vírgula é obrigatória, podendo até uma segunda ser usada. Seguem algumas frases que exemplificam ambos os casos:

Nesse instante, de trás do automóvel surgiu um vulto. [...] (ERICO VERISSIMO, id.)

Até a final do Mundial, no sábado 29, o horário das partidas vai estar com o fuso brasileiro.

"*Certo dia, num dos embates do nosso périplo,* encontramos entre os despojos de um soldado morto um cartão..." (DEONÍSIO DA SILVA, id.)

Na terça-feira 28, em visita à cidade de Rio Claro (SP), Lula defendeu Quércia.

Em 2001, numa das lojas foi encontrado um maço de dinheiro falsificado.

Na vizinha Artigas, durante a primeira reunião do ano os mestres discutiam a necessidade de policiamento.

"De início um pouco irreconhecível, após um instante a sala retomava sua antiga posição tendo como centro a flor." (Clarice Lispector, id.)

Endereços

Exemplos da pontuação usada nos endereçamentos:

D. Maria Silva
Rua Barão do Rio Branco n° 340, ap. 10
Caixa Postal 390
80000-000 Maringá/PR

Ao Senhor
Sebastião Silva
Av. das Rendeiras, 10
Caixa Postal 1001
88000-000 Florianópolis/SC

3. Intercalações

A vírgula é usada para isolar locuções e orações intercaladas. Já vimos que não cabe a vírgula entre os termos essenciais e integrantes da oração. Consequentemente, quando se quebra essa estrutura sintática com uma expressão, frase ou oração de caráter explicativo, deve-se isolá-la com duas vírgulas. Observar especialmente a intercalação entre o sujeito e o verbo. Nas frases:

Biologia e matemática são atividades promissoras.

A aula do grande mestre foi um incentivo à classe.

se interrompemos a sequência, virgulamos:

Biologia e matemática, *segundo os analistas*, são atividades promissoras.

A aula do grande mestre, *mais do que uma aula*, foi um incentivo à classe.

Pode-se testar a intercalação ou encaixe por sua mobilidade, isto é, sua possibilidade de se deslocar dentro da oração:

> Os grandes momentos do espetáculo pertencem, *apesar das críticas*, a Ney Matogrosso.
>
> Os grandes momentos do espetáculo, *apesar das críticas*, pertencem a Ney Matogrosso.
>
> *Apesar das críticas*, os grandes momentos do espetáculo pertencem a Ney Matogrosso.

Dispositivos de lei

Os dispositivos de lei configuram um caso que envolve intercalação pelo deslocamento de elementos da sua ordem natural e lógica. Usam-se vírgulas para separar os desdobramentos do dispositivo:

> O *Dec. 2.284, art. 2º*, prevê tal medida.
>
> Agiu conforme o *art. 171, § 1º, II,* b, *da CF.*

As vírgulas se justificam porque aí se faz uma quebra, uma inversão da ordem direta com a colocação do maior antes do menor, ou seja, o decreto antes do artigo, o artigo antes do parágrafo, o parágrafo antes do inciso e assim por diante.

Já quando o dispositivo de lei é escrito do menor desdobramento para o maior (na sua ordem lógica), não se usa a vírgula, sendo a ligação feita por meio de preposição:

> *O art. 37 da Lei 8.245/91* dispõe que o locador pode exigir do locatário três tipos de garantia.
>
> De acordo com o *§ 4º do art. 64 da Constituição* do Estado, será convocado o de maior votação.
>
> Assim, autorizam os caucionantes que se averbe junto ao imóvel a presente caução, nos termos *do inciso II*, número 8, *do art. 167 da Lei 6.015/73.*

No mínimo e pelo menos

Quando a locução *no mínimo* toma o lugar de um advérbio de intensidade, não deve vir entre vírgulas:

Esta semana o partido tomou duas decisões *no mínimo* surrealistas.

Veja que essa frase poderia ser dita assim:

Esta semana o partido tomou duas decisões *muito* surrealistas.

Esta semana o partido tomou duas decisões *bastante* surrealistas.

Esta semana o partido tomou duas decisões *excepcionalmente* surrealistas.

A expressão *no mínimo* às vezes serve apenas de reforço; não significa "que é o menor". Portanto, assim como você não usaria entre vírgulas os três advérbios de intensidade vistos acima, não deve entalar *no mínimo* entre elas. Mesmo quando tem o sentido de "no menor limite provável", a locução não precisa ser isolada por vírgulas:

Chegaremos *no mínimo* às 22 horas.

Espero que ele faça *no mínimo* três pontos.

Também a locução equivalente *pelo menos* deve receber o emprego sóbrio das vírgulas. Podemos observar, nos exemplos abaixo, que sem tal pontuação a frase flui melhor, sem tropeços:

Estamos à sua espera há *pelo menos* vinte minutos.

Ela espera fazer *pelo menos* quatro pontos.

Causa *no mínimo* estranheza sua atitude.

A inserção do art. 84-A na Lei 9.981/00 é *no mínimo* impertinente, para não dizer inútil.

Mas fica a ressalva de que a vírgula também **pode** ser usada em caso de necessária ênfase e sobretudo se está intercalada longe do verbo:

Ela espera fazer quatro pontos, *pelo menos*.

Disse que a pesquisa vai demandar de dois meses, *no mínimo*, a quatro, *no máximo*.

Elementos explicativos

A vírgula é usada para separar os elementos e locuções explicativas ou corretivas, como *isto é, a saber, ou seja, por assim dizer, a propósito, além disso, ou melhor, ou antes, digo,* entre outras:

> Só aceitamos o formulário original, *ou seja,* ele não pode ser xerocopiado.
>
> O que sinto, *isto sim,* é um grande alívio na alma.
>
> Evite os excessos, *vale dizer,* o estresse, o fumo, a bebida e a poluição.
>
> Foi assim que a comédia, *ou melhor,* a tragédia começou.
>
> O time conseguiu a terceira colocação, *digo,* a segunda.

Cabe registrar que, conforme a ênfase, é possível usar tais expressões no início ou no final da frase. Neste caso, naturalmente, só uma vírgula é necessária:

> O que sinto é um grande alívio, *isto sim.*
>
> Os imigrantes que vivem fora de seu país de origem estão se tornando cada vez mais cosmopolitas. *Ou seja,* o conceito de fronteiras está cada vez mais diluído.

4. Vocativo

É obrigatório o uso da vírgula para separar o vocativo:

> Acorda, *Brasil!*
>
> Um instante, *maestro.*
>
> *Pessoal,* peço a sua atenção.
>
> Olá, *Margarete.*
>
> Fala, *coração.*

Vocativo é o termo que serve para interpelar, chamar alguém. É um elemento intercalado, marginal, estranho à estrutura da oração. Por isso mesmo deve ser isolado – com uma ou duas vírgulas, conforme a posição em que estiver:

> Confesso, *dona Maria,* que nunca vi bolo igual.
>
> Este bolo está ótimo, *dona Maria.*

Dona Maria, a sra. pode me dar a receita?

Para, *menina*, cuidado.

Amor, vem cá.

Vocês querem ficar quietas, *crianças*?

Como se vê, vocativo não é só nome de pessoa. Para fins de confirmação, sempre se pode colocar um ó na frente do vocativo, por exemplo:

Fala, (ó) coração.

Para, (ó) menina.

A vírgula do vocativo não marca necessariamente uma pausa, mas sempre corresponde a uma mudança de tom na fala. A falta da vírgula pode gerar obscuridade ou modificar o sentido da frase:

Você conhece a professora Estela?
Você conhece a professora, Estela?

Ouça minha amiga.
Ouça, minha amiga.

Temos aqui um problema pessoal.
Temos aqui um problema, pessoal.

5. Enumerações

Usa-se a vírgula para isolar uma *enumeração*, que quer dizer a citação ou indicação de coisas uma por uma:

1, 8, 15 e *30* são meus números favoritos.

A vida, o amor, a poesia são os temas tratados no livro.
[vários substantivos formando o sujeito]

Exaltou *a vida, o amor, a poesia.*
[vários objetos]

Discutem *de noite, de dia, madrugada afora.*
[vários adjuntos]

Era *feio, magro, baixo, um horror.*
[vários predicativos]

Espiou pela janela, saiu, voltou rapidinho.
[várias orações]

Quando entre os termos enumerados encontram-se as conjunções **e**, **nem** e **ou**, não cabe a vírgula, basta a conjunção:

Ele cria faisões, galinhas *e* codornas.

Pedro, Paulo *e* Marcos são irmãos.

Não era feio *nem* bonito.

Pique os temperos, coloque-os numa panela *ou* frigideira *e* deixe-os dourar.

Ou vai *ou* racha.

Nenhum trecho poderá ser reproduzido, armazenado, transmitido *ou* exibido sob qualquer forma *ou* por quaisquer meios.

E

Vimos acima que não se usam vírgulas junto com a conjunção aditiva **e** quando ela coordena ou liga os elementos de uma enumeração, pois neste caso o **e** substitui a vírgula diante do último elemento da enumeração. Todavia, há casos em que a vírgula diante da conjunção **e** é necessária. Aparecerá uma vírgula antes do **e** quando se colocar uma intercalação entre os dois termos que ele coordena:

Termo de convênio que entre si celebram o Estado de Santa Catarina, através da Secretaria da Fazenda, **e** a Fundação do Meio Ambiente.

A vírgula aí colocada não tem a ver com a conjunção, não se sobrepõe ao **e**; ela simplesmente está fechando a intercalação iniciada com a palavra "através". A frase sem o encaixe seria: "Termo de convênio que entre si celebram o estado de Santa Catarina e a Fundação do Meio Ambiente".

Vejamos outras frases como exemplo: primeiro, na ordem direta; depois, com a intercalação:

Comprei bacalhau **e** atum em lata.
Comprei bacalhau, embora caro, e atum em lata.

Não vai dar certo ter um arrocho salarial **e** um esquema perverso de produção.
Não vai dar certo ter um arrocho salarial, de um lado, **e** um esquema perverso de produção, de outro.

A conjunção **e** pode até aparecer entalada entre vírgulas se antes e depois dela forem colocadas intercalações:

Comprei bacalhau, embora caro, **e**, como sempre, atum em lata.

Não vai dar certo ter um arrocho salarial, de um lado, **e**, de outro, um esquema perverso de produção.

Aplica-se o mesmo raciocínio com relação à conjunção alternativa **ou**:

Gostaria de ter uma caminhonete **ou** um jipe.

Gostaria de ter uma caminhonete, se for possível, **ou** um jipe.

Gostaria de ter uma caminhonete, se for possível, **ou**, na pior das hipóteses, um jipe.

Depois de uma enumeração que não tem o **e** entre os dois últimos elementos, a vírgula é opcional, mas recomenda-se não usá-la, sobretudo quando se trata de sujeito composto por vários núcleos seguidos imediatamente de verbo:

A riqueza, a saúde, o prazer são coisas transitórias.

Pedro, João, Antônio saíram.

Eu o tratei, criei(,) desde pequeno.

"*A sua fonte, a sua boca, o seu riso, as suas lágrimas*(,) enchem-lhe a voz de formas e de cores..."

Ou – casos específicos

Pode aparecer uma vírgula antes da conjunção **ou** quando há ênfase na citação da série coordenada, principalmente quando se trata de uma oração:

Ou ele vai, ou para, ou retrocede...

Geralmente usam-se vírgulas quando **ou** exprime retificação explicativa (= ou seja, isto é):

> A palavra ioga significa união da consciência individual, *ou* alma, com a Consciência Universal, *ou* Espírito.

Também é possível usar duas vírgulas para destacar a alternativa como uma intercalação:

> O substantivo, *ou* seu substituto, deve vir em negrito.

> Denomina-se preferência a primazia na discussão, *ou* na votação, de uma proposição sobre outra.

> O esgotamento da hora não interrompe o processo nem de votação, *ou* o de sua verificação, nem do requerimento de prorrogação.

Nem

Pode a vírgula ser usada, para efeito de ênfase, junto com a conjunção **nem** quando repetida. Há exemplos clássicos e atuais:

> Não há uma barraca, nem um toldo, nem um guarda-sol aberto. (Ramalho Ortigão)

> Nem o Oscar recebido como diretor de "Os Imperdoáveis", nem memoráveis interpretações: nada deu maior satisfação a Clint Eastwood que sua própria filha.

Bem como

As locuções *bem como* ou *assim como* (e a conjunção *como* quando tem o sentido de adição) se aplicam da mesma forma que a conjunção aditiva **e**: João *bem como* Maria foram almoçar = João **e** Maria foram almoçar. Exemplos:

> Dom João VI *bem como* seus súditos desembarcaram no Rio de Janeiro.

> Portanto a contestação *assim como* a exceção eram tempestivas.

> Prometeu aceitá-la na riqueza *como* na pobreza.

> Compete aos Tribunais Regionais Federais *bem como* ao Superior Tribunal de Justiça julgar essas questões.

Também se admite o isolamento por vírgulas de toda a frase iniciada por *bem como*:

Aplica-se aos ocupantes de cargos, funções e encargos, *bem como* ao pessoal requisitado, a legislação específica já mencionada.

Andaimes do Real, O Divã a Passeio, *bem como* outros livros de Hermann, dizem respeito à cultura humana.

No caso de formar um sujeito composto, essas locuções vêm entre vírgulas quando o intuito é dar destaque ao primeiro sujeito, com quem o verbo costuma então concordar:

Dom João VI, *bem como* seus súditos, desembarcou no Rio de Janeiro.

Portanto a contestação, *assim como* a exceção, era tempestiva.

Joinville, *como* Blumenau, é uma cidade florida.

Números

É facultativo o uso da vírgula entre o milhar e a centena quando escrevemos os números por extenso.

Há alguns gramáticos que advogam a colocação dessa vírgula, por ser a marca da coordenação sem conjunção ("assindética"). Exemplos:

22.501 = vinte e dois mil, quinhentos e um

4.455 = quatro mil, quatrocentos e cinquenta e cinco

3.440.205.528.367 = três trilhões, quatrocentos e quarenta bilhões, duzentos e cinco milhões, quinhentos e vinte e oito mil, trezentos e sessenta e sete

Com zeros, só se usa a conjunção e:

1.400 = mil e quatrocentos
4.005 = quatro mil e cinco

Por outro lado, textos modernos já não trazem essa vírgula depois de *mil*, no que têm o respaldo de outros gramáticos:

62.540 = sessenta e *dois mil quinhentos e quarenta*

293.572 = duzentos e noventa e *três mil quinhentos e setenta e dois*

3.415.741.210 = três bilhões, quatrocentos e quinze milhões, setecentos e *quarenta e um mil duzentos e dez*

6. Verbo subentendido

A vírgula pode indicar ou marcar a omissão deliberada de um verbo na frase.

Sem E

Observemos um período com duas orações semelhantes, repetitivas:

> Na feira *compramos* frutas, no supermercado *compramos* café.
>
> Com ela *conversei* uma vez, com o marido *conversei* várias vezes.

1º) Uma solução econômica é simplesmente suprimir o verbo repetido:

> *Na feira compramos frutas, no supermercado café.*
>
> *Com ela conversei uma vez, com o marido várias vezes.*

2º) Há quem pense em usar a vírgula para indicar a supressão (zeugma) do verbo. Mas essa segunda vírgula só se justificaria por necessidade de clareza, quando então a pontuação anterior deveria ser um *ponto e vírgula*:

> A tevê confere visibilidade; o teatro, prestígio.
>
> O colégio compareceu fardado; a diretoria, de casaca.

Então poderíamos escrever assim os exemplos anteriores, embora não haja ambiguidade:

> Na feira compramos frutas; no supermercado, café.
>
> Com ela conversei uma vez; com o marido, duas vezes.

Com E

E o que fazer quando entre as duas orações temos um e?

1º) Usar uma vírgula no lugar do verbo omitido ou subentendido:

> Coube ao ministro provar que no Brasil as leis são aplicadas e os infratores, punidos. [vírgula no lugar da forma verbal *são*]

A aeronave foi isolada e os passageiros, impedidos de desembarcar.

A empreiteira implodiu o edifício e o ministério, seus opositores.

2º) Usar a vírgula apenas antes da partícula **e**, separando as duas orações:

Coube ao ministro provar que no Brasil as leis são aplicadas, e os infratores punidos.

O carro popular fica mais caro, e o de luxo mais barato.

Os liberais ou radicais ficavam sentados à esquerda do orador, e os conservadores à direita.

O físico-químico Hervé constatou que a clara coagula a 62°C, e a gema a 68°C.

Os agricultores associam o termo remédio a fungicidas, e veneno a inseticidas. [a vírgula dissipa a ambiguidade gerada pela associação de *fungicidas e veneno*]

7. Nome próprio de pessoa

Os nomes próprios de pessoas podem ou não vir isolados por vírgulas, dependendo da situação. Coloca-se o nome entre duas vírgulas (no meio da frase) ou uma só (no final) quando ele se refere a uma situação **única** especificada na frase, como um cargo que é único, tal qual o de presidente do Brasil, presidente do Senado, primeiro-ministro de determinado país, governador de um estado. O segundo termo é um aposto explicativo que equivale ao termo anterior:

A presidente da República, Dilma Roussef, acredita nas reformas constitucionais. [a presidente da República = Dilma Roussef]

A governadora do Rio em 2003, Rosinha Garotinho, tomou medidas duras.

O então ministro da Cultura, Gilberto Gil, visitou o Museu Nacional do Mar, em São Francisco do Sul/SC, no ano de 2009.

O assunto envolve o primeiro-ministro do Reino Unido, David Cameron.

Aplica-se o mesmo raciocínio de isolamento aos nomes próprios que explicam uma situação única, como "o homem mais rico do planeta" ou como **mãe, pai, marido, mulher** etc.:

> Tinha amizade com Lula e sua mulher, Marisa.
>
> Apresentou-se a meu pai, Alexandre Queiroz.
>
> O fundador de Jaraguá do Sul, Emílio Carlos Jourdan, morreu em 8 de agosto de 1900, no Rio de Janeiro.
>
> Discutiram o *best-seller* de Jorge Amado *Dona Flor e seus dois maridos*, em que o segundo marido, Dr. Teodoro Madureira, era farmacêutico e músico.
>
> A ação contra a empresa TAL foi proposta por João Silva e sua mulher, Amália J. Silva.
>
> A então mulher mais velha do mundo, a mineira Maria do Carmo Jerônimo, alegava ter nascido em 5 de março de 1871.
>
> O homem mais rico do planeta, Tom X, foi sequestrado em sua mansão.

No caso de *irmãos* e *filhos*, depende. **Filho único** ou **filha única** vai entre vírgulas. Havendo mais de um filho ou filha, as vírgulas não são usadas:

> Deixou toda sua herança para *seu filho, Jorge Henrique*. [É filho único]
>
> Parte da herança ficou com *seu filho João Elias*. [Entende-se que este pai tem outros filhos.]
>
> Vera Fischer e *sua filha, Rafaela,* aparecem juntas na foto.
>
> O jornal publicou uma entrevista com *o filho de Celso Pessoa, Manuel*.
>
> Ramil foi campeão de judô. *Seus irmãos Samuel e Sandra* ganharam medalha em tênis de mesa. [Deduz-se que haja outros irmãos.]

Não se usa a vírgula para separar os nomes próprios de pessoas quando eles não são os únicos da espécie. Quando você se referir a **um** entre vários da mesma categoria – como *ex-governador, ex-esposa* (se houver mais de uma), *diretor de empresa* (normalmente há mais de um diretor), *professor, habitante, ator,* *candidato* etc. –, não faça o destaque do nome entre vírgulas. Aqui o aposto é especificativo:

> Um dos palestrantes foi o *economista e especialista em gestão condominial César Thomé Júnior.*
>
> O *brusquense Eleutério Graf* abriu sua banca num dos principais pontos da cidade.
>
> Para a *professora da USP Roseli Baunel*, especializada em Educação Especial, a escola deve perceber o que pode oferecer ao aluno com deficiência visual.
>
> Os *candidatos a vereador Tobias Sailor e Tadeu Pilli* devem comparecer ao debate.
>
> Os portugueses gostaram das declarações do *ex-presidente do Brasil Fernando Henrique Cardoso.*
>
> Foi nomeado pelo *ex-governador de São Paulo Franco Montoro.*
>
> Coronel russo revela que o *ex-líder do Partido Trabalhista Michael Foot* era agente do KGB.
>
> Os *atores da Globo Hugo Grossi e Andreia Silva* foram vítimas de assalto.

II – A VÍRGULA ENTRE ORAÇÕES

8. Oração coordenada com *e*

A conjunção aditiva **e** é precedida de vírgula quando separa orações coordenadas que têm sujeitos diferentes:

> A guerra mata os filhos, **e** as mães choram desesperadamente.
>
> A mudança se exprime através de tensões graves, **e** destruições de toda ordem a acompanham.
>
> Não há diferença entre culpa leve e grave, **e** a doutrina e os tribunais pouco têm se ocupado em distingui-las.

A vírgula antes da conjunção **e** marca enfaticamente a mudança de sentido no discurso e facilita a leitura do texto, evitando ambiguidade em alguns casos (nos três exemplos acima, a frase sem a vírgula ficaria confusa). Contudo, embora seja tradição da língua, na linguagem jornalística raramente se encontrará a vírgula:

> Fomos pegos despreparados **e** as consequências se mostraram dramáticas.
>
> A cotação chegou a R$ 0,92 **e** quem apostou em contratos futuros a R$ 0,90 amargou prejuízos.
>
> Às 17 horas nós encerramos as atividades **e** o servente fechou o caixa.
>
> Com 15 mil votos, Cicciolina só perdeu no Partido Radical para o líder Marco Panella **e** sua eleição já começa a provocar dores de cabeça no Parlamento.

Há ocasiões em que a vírgula antes do **e** entre duas orações é usada como medida de ênfase, embora o sujeito seja o mesmo:

> Disse-lhe mil desaforos, **e** mais teria dito caso ele não saísse correndo.

> Cometemos equívocos com nós mesmos, e jogamos fora boa parte de nossa energia vital com coisas que não valem a pena.
>
> Nosso nascimento como nação não resultou de guerra ou revolução; foi antes uma transição natural da condição de colônia para a autodeterminação, e já estava implícita quando D. João VI instou seu filho a consumá-la antes que um aventureiro o fizesse.
>
> Comecei a fazer uma prece para os soldados judeus que estavam sendo mortos naquele momento, e também para os soldados egípcios.

Por destaque, a oração aditiva pode vir entre vírgulas como se fossem travessões:

> Esse procedimento, quando respaldado em lei, *e conduzido eticamente*, não afronta as normas e princípios da Constituição.
>
> Cumprimentando V. Exa., *e tendo em vista o disposto no parecer anexo*, vimos solicitar sua autorização para efetuar a compra.

Nos mesmos casos há a opção de não usar a vírgula antes do *e:*

> Esse procedimento, quando respaldado em lei e conduzido eticamente, não afronta as normas e princípios da Constituição.
>
> Cumprimentando V. Exª. e tendo em vista o disposto no parecer anexo, vimos solicitar sua autorização para efetuar a compra.

9. Oração coordenada com *mas*

Ao iniciar uma nova oração no mesmo período, isto é, quando está coordenando duas orações adversativas, *mas* vem normalmente precedido de vírgula:

> Não sei o que houve, *mas* acho que Joaquim ficou aborrecido.
>
> Você trabalha e corre, *mas* nunca se lembra de mim.
>
> A intenção era reduzir o tempo em que o dinheiro permanecia indisponível, *mas* isso deveria ser feito em todos os bancos.

Enquanto outras conjunções coordenadas podem aparecer no início, meio ou fim das orações, *mas* vem sempre no início da *oração* (não necessariamente da *frase*):

- depois de vírgula
  Compro livros editados ou não no Brasil, *mas* quero que tenham o país como tema.
- depois de ponto e vírgula
  Não acho que vá dar errado; *mas* consultarei a diretoria.
- depois de ponto
  A peça foi criticada por uns e elogiada por outros. *Mas* foi um sucesso, apesar das críticas.

Como se verifica acima, a pontuação vem sempre na frente de *mas*. Nenhuma vírgula vem depois, à direita da conjunção (por exemplo, é errado: *Mas, quero que saiam*), a não ser que essa vírgula marque o início de uma intercalação:

É mau ator. *Mas,* como se vê, faz sucesso.

São todos homens honrados *mas*, por via das dúvidas, não fique de costas nem guarde a carteira no bolso de fora. (MILLÔR FERNANDES)

Mas sem vírgulas

Há várias possibilidades de uso da conjunção *mas* sem uma vírgula à sua frente (itens 1 e 2) ou depois (item 3). Isso acontece nas seguintes situações:

1. Quando *mas* liga expressões do mesmo valor sintático, isto é, que têm a mesma função na frase. Neste caso, ela *não está iniciando uma nova oração* (vamos observar que depois de *mas* não há verbo); apenas liga dois termos na mesma oração:

Sou pobre *mas* feliz.

Esperava que confessasse não um pecado *mas* uma infâmia.

Ao limitar a prova, bloqueou o acesso à verdade – decisão formalmente justa *mas* na realidade injusta.

Podes alugar uma casa antiga *mas* limpa, pelo menos.

É como se disséssemos: pobre e feliz / antiga e limpa[2].

2 O mesmo ocorre com a conjunção *porém*: É feio *porém* inteligente. Retornou à aldeia aos 50 anos, solitário *porém* vitorioso.

2. Quando *mas* faz a ponte entre duas orações com o mesmo sujeito:

A arrecadação cresce *mas* decepciona.

Ele diz ter ideias *mas* só externa preconceitos.

Mesmo quando o sujeito é diferente, a vírgula pode ser omitida, desde que se queira fazer uma ligação breve, menos enfática: "Os véus se romperam *mas* os costumes se mantiveram à luz do sol" (escritor Amilcar Neves).

3. Quando *mas* inicia oração seguida de uma conjunção subordinativa:

O assunto não tem nada de novo. *Mas quando* um pai vai à televisão para tentar conseguir uma cirurgia para seu filho, é sempre triste.

Mas quando me vi sem saber o que comer, bateu o desespero.

Os instrumentos iam parando... *Mas à medida que* as velas se apagavam, outras luzes se acendiam.

Mas sim, e sim, e não

A locução **e sim** forma um todo indivisível, com o significado de *mas*. Desta forma, não se põe este *sim* entre vírgulas como se fosse advérbio. Se vírgula cabe, é aquela à esquerda, que normalmente precede *mas* e outras expressões adversativas:

O novo modelo não é mais o da grande fábrica, *e sim* o da facção, como no Brasil do início do século.

Proceda-se da mesma forma com **mas sim**:

Não se deve falar em descobrimento do Brasil, *mas sim* em chegada dos europeus.

Diante da locução **e não** é optativa a vírgula:

Saiu da reunião dizendo que havia chamado o sujeito de incompetente, *e não* de autoritário.

A vida é mais emocionante quando se é ator *e não* espectador, quando se é piloto *e não* passageiro, pássaro *e não* paisagem.

10. Orações coordenadas adversativas e conclusivas

Adversativas

Diferentemente de *mas* (que, com sua única sílaba, indica oposição com menos ênfase do que suas congêneres), as adversativas **porém, contudo, todavia, entretanto** e **no entanto** podem iniciar ou findar orações, ou mesmo vir intercaladas.

I – Exemplos com a conjunção encabeçando a oração – a pontuação é colocada à esquerda, *antes* da conjunção:

Gosto de chá, *porém* gosto ainda mais de café.

Ela me chamou, *todavia* não disse seu nome.

Não queria nada, *no entanto* ficou com a maior parte.

Consultei um médico; *contudo* a gripe continuou.

Consultei um médico; *porém* de nada adiantou.

Quase gritei. *Todavia* ninguém me escutou.

Se você sente uma pausa *depois* da conjunção – e deseja colocar aí uma vírgula –, tem que aumentar a pausa anterior com ponto e vírgula ou ponto final, para evitar a marca de intercalação:

Consultei um médico; *contudo,* a gripe continuou.

Não queria nada; *no entanto,* ficou com a maior parte.

Gosto de chá. *Porém,* gosto ainda mais de café.

Ele me chamou pelo nome. *Todavia,* não disse o seu.

II – Quando as mesmas adversativas estão *intercaladas* no meio da oração, geralmente vêm entre vírgulas:

Temia, *contudo,* que nova alteração do dólar provocasse uma corrida especulativa.

Gosto de chá. Não gosto, *porém,* de chimarrão.

Não devo, *todavia,* abusar de bebidas quentes.

III – Estando *pospostas,* devem vir separadas por vírgula:

Não declinou o nome, *todavia.*

Disse que aceitava a herança, *contudo*.

Nunca gostei de chá-mate, *porém*.

Conclusivas

I – As conjunções coordenativas conclusivas **logo, por isso, assim, portanto** costumam iniciar orações e na maioria das vezes são seguidas por uma vírgula à direita, com ponto final ou ponto e vírgula à sua frente:

Estou escrevendo. *Logo*, quero silêncio.

Está tudo errado. *Assim*, refaça o exercício.

Está tudo errado; *assim*, refaça o exercício.

Não suporto lamentações; *portanto*, nada de choro.

ATENÇÃO: Se a oração anterior for separada por vírgula, não se coloca outra vírgula depois da conjunção, para não caracterizar uma intercalação ou encaixe:

Ele está meditando, *logo* não quer barulho.

Não suporto lamentações, *portanto* nada de choro.

II – Há conjunções conclusivas que também se usam intercaladas:

A princípio, *portanto*, não existem planos para o mercado de automóveis.

O vereador me atacou verbalmente; pude, *então*, contra-atacar.

III – **Pois**, como conjunção conclusiva (com o significado de *portanto, por isso, consequentemente*), vem sempre depois do verbo, entre vírgulas:

Estou lendo; não quero, *pois*, que me interrompam.

O turismo é o setor que mais cresce. Receberá, *pois*, grandes investimentos do Estado.

Porém, contudo, todavia e conjunções semelhantes *podem dispensar as duas vírgulas* quando intimamente ligadas a um verbo. É uma escolha pessoal. Para confirmar a tendência, um exemplo do filólogo M. Said Ali (1957:25): "Servem *porém* igualmente para indicar se a vogal em questão é aberta ou fechada."

O QUE DIZ A GRAMÁTICA

Conjunções e locuções coordenativas

Ligam orações que têm a mesma função ou elementos sintáticos equivalentes. São elas:

1. *Aditivas* – e, nem (= e não), bem como, assim como.

2. *Adversativas* – mas, porém, contudo, todavia, entretanto, no entanto, senão, ainda assim.

3. *Alternativas* – ou (repetido ou não), já...já, quer...quer, ora... ora, seja...seja, quando...quando.

4. *Conclusivas* – logo, portanto, por isso, por conseguinte, assim, pois (posposto), então (= pois), consequentemente.

5. *Explicativas* – porque, pois (no início de oração), que (= porque), porquanto.

11. Oração explicativa ou causal: *pois* e *porque*

As orações introduzidas por **pois** e **porque** podem ser coordenadas ou subordinadas, uma vez que ambas as conjunções se classificam como *explicativa* (coordenativa) ou como *causal* (subordinativa). Num caso ou noutro (não importa a classificação[3]), elas não precisam necessariamente ser precedidas de vírgula

---

3 "Melhor seria que abolíssemos a distinção entre as coordenadas explicativas e as subordinadas causais, uma vez que normalmente não se traçam linhas rigorosas de demarcação entre os dois campos de ideias. São frágeis os critérios de pausa, dentro de texto escrito, e fora do alcance do falante comum a comparação com o inglês *for* / *because*, [...]", diz BECHARA (2001a, p. 121).

quando vêm depois da oração principal. A vírgula depende da extensão do período e da ênfase que se queira dar:

> Não saímos(,) *porque* estava chovendo. [é tanto causa como explicação]
>
> Chega de açúcar(,) *pois* a massa está bem doce.
>
> Não há pior cárcere que o fracasso, *porque* ninguém escapa de si mesmo.
>
> Não podem ficar impunes aqueles que falseiam a verdade *pois* a impunidade gera mais mentiras.

Quando se trata realmente de **causa**, a vírgula não deve ser usada antes de *porque*:

> As vendas só caíram *porque* os preços subiram mais do que a inflação.
>
> Receberam a medalha não *porque* merecessem, mas *porque* não havia outros concorrentes.
>
> Tem havido muitos acidentes na avenida beira-mar *porque* as pessoas não usam a passarela ali construída.

Subordinadas

12. Oração subordinada adverbial

A vírgula separa as orações subordinadas adverbiais quando antepostas à oração principal, para marcar o deslocamento ou quebra da ordem natural da estrutura frasal, que pressupõe o principal antes do secundário:

> *Quando a palestra acabou,* todos se retiraram.
>
> Quando a palestra acabou → oração adverbial
> todos se retiraram → oração principal
>
> *Se o dia estivesse quente,* iríamos à praia.
>
> *A menos que você insista em ficar sozinha,* sairá conosco.
>
> *Ainda que falem bonito na televisão,* não me convencem da oportunidade das medidas.

Como os fregueses já saíram, vamos fechar o bar.

Assim como estão agora, as crianças parecem anjos.

Conforme ouvi no rádio, vem novo arrocho salarial por aí.

Já que suas notas foram péssimas, nada de festa este fim de semana!

Aqui também há exceções. Às vezes a vírgula separando a oração adverbial antecipada não faz falta, especialmente antes do verbo *ser*:

Quando se passa muito tempo em aviões é preciso conformar--se com alguns sustos.

No dia em que tivermos essas informações será possível estabelecer um nexo com o modelo brasileiro.

Oração adverbial é aquela que exprime uma circunstância, numa ideia complementar à oração principal. Você a distingue fácil porque ela é sempre iniciada por uma *conjunção subordinativa,* expressa ou implícita (exceto as integrantes *que* e *se* → consultar O QUE DIZ A GRAMÁTICA, p. 42).

Quando a oração adverbial vem depois da oração principal, poucas vezes a vírgula é usada, mormente sendo curta a principal:

Sairei *logo que ele chegue.*

Iria ao Sul *se pudesse.*

O bairro dormia *quando aqueles objetos voadores começaram a aparecer.*

Não me convencem *ainda que falem bonito.*

Preencha o cartão *conforme eu determinei.*

Foi demitido *porquanto a fraude foi comprovada.*

Agradeceremos de todo o coração as homenagens e as palmas, *se for o caso.*

A oração subordinada adverbial, por expressar uma circunstância, pode igualmente vir intercalada entre o sujeito e o verbo:

As crianças, *como estão agora,* parecem anjos.

O QUE DIZ A GRAMÁTICA

Conjunções subordinativas

As conjunções subordinativas iniciam orações que estão na dependência de outra.

I – Introduzem orações adverbiais *sem vírgulas*, visto que normalmente vêm depois da oração principal:

1. *Comparativas* – que, do que, tal...qual, como, assim como, bem como:

   O tratamento é mais doloroso **do que** supunha.

2. *Consecutiva* – tão...que, tal...que, tanto...que, tamanho... que:

   Falou de **tal** jeito **que** foi expulso da sala.

3. *Finais* – para que, a fim de que, por que (= para que):

   Fez o possível **para que** o filho fosse bem-sucedido na vida.

Se antecipadas, podem ser virguladas:

> A fim de conquistá-la(,) comprou um buquê de rosas.
>
> Para que o mundo tenha um pouco mais de paz, reuniram-se os líderes das maiores nações.

4. *Proporcionais* – as orações apresentadas pelas locuções *à medida que* e *à proporção que* depois da oração principal não se separam por vírgulas:

   Os instrumentos iam parando **à medida que** as velas se apagavam.

Separam-se por vírgulas no caso de: *tanto mais... quanto mais* (quanto menos), *tanto menos... quanto menos* (quanto mais):

> Parece que **quanto mais** nos enchem de leis, **(tanto) menos** elas são cumpridas.

II – Introduzem orações adverbiais *separadas por vírgula* quando antepostas ou extensas:

5. *Causais* – porque, pois que, porquanto, visto que, como, já que, uma vez que, na medida em que, dado que etc.:

Já que não se classificou em 1º lugar, não quis receber nenhuma medalha.

6. *Concessivas* – embora, ainda que, posto que, por muito que, por mais que, por pouco que, se bem que, conquanto etc.:

Embora seja fácil aprender Português, sempre tenho dúvidas.

7. *Condicionais* – se, salvo se, caso, contanto que, desde que etc.:

Se queres, diz logo.

8. *Temporais* – quando, enquanto, depois que, logo que, sempre que, tanto que etc.:

Sempre que for possível(,) eu me farei presente.

9. *Conformativas* – conforme, como, segundo, consoante:

Segundo consta, houve excesso de arrecadação.

10. *Integrantes* – que *e* se.

As conjunções integrantes introduzem as orações *subordinadas substantivas*, que não se separam por vírgulas:

Acho **que** aprendi bastante.

Não sei **se** devo ir.

Embora raramente antecipada, neste caso a oração integrante pode vir separada por vírgula se houver necessidade enfática: *Se devo ir, não sei.* Porém: "Que me entendas é tudo que peço." (antecipada sem vírgula)

Reduzidas

13. Oração reduzida de gerúndio, particípio e infinitivo

A vírgula separa orações reduzidas de gerúndio, de particípio e de infinitivo quando vêm antes da oração principal:

Sabendo disso, ele se afastou.
(= quando soube disso)

Passado o vendaval, atracamos o barco.
(= quando ou depois que passou)

Ao receber o troféu, desmaiou.
(= quando recebeu o troféu)

Reduzida é a oração dependente que não se inicia por pronome relativo nem por conjunção subordinativa e que tem o verbo numa das formas nominais: o infinitivo, o gerúndio ou o particípio. Equivale a uma oração adverbial desenvolvida.

NOTA

Certos apostos ou predicativos [em destaque nos exemplos abaixo], quando antecipados, também podem ser considerados *oração reduzida*, porque aí se subentende uma oração reduzida equivalente a uma oração desenvolvida (adverbial causal):

Cansado, foi dormir. = Por estar cansado, foi dormir. = Porque/Como estava cansado, foi dormir.

Desesperada, chorou demais. = Estando desesperada, chorou demais. = Porque estava desesperada, chorou demais.

Rico, gasta à toa = Sendo rico, gasta à toa. = Como é rico, gasta à toa.

Mais sobre o gerúndio

É *separado por vírgula* o gerúndio

(1) anteposto à oração principal:

Confirmando o sucesso de suas promoções, o Centro Social realizará um bingo amanhã.

Observando que não há recursos suficientes para todos, o presidente pede o apoio do Congresso à reforma tributária.

(2) colocado depois da oração principal, que equivale, na maioria das vezes, a uma oração coordenada iniciada pela conjunção **e** ou **e isso**:

O mediador tomou seu lugar à mesa, *aguardando* o momento de iniciar o debate. [= tomou seu lugar à mesa e aguardou]

Ganhar a taça é uma questão de honra para a Chapecoense, *aumentando* a emoção entre os jogadores. [= e isso aumenta]

Produto largamente utilizado nas décadas de 70 e 80, durante os anos 90 o VM perdeu sua exclusiva característica, *dando* lugar às novas tecnologias que hoje se encontram à nossa disposição.

Tibaldeschi residiu em SC de 1924 a 1940, *dedicando-se* ao ensino da língua e à inspeção escolar.

Em 2000 ela mudou-se para Blumenau e casou-se imediatamente, *abandonando* mais uma vez o emprego.

(3) com a função de uma oração adjetiva (construção pouco comum e nem sempre recomendável):

A atriz paulistana Cristiana Reali, *morando* em Paris desde os sete anos, não aceitou nenhum dos convites para filmar no Brasil.

Perdeu o desfile da milícia triunfante, *marchando* a quatro de fundo. (J. SARAMAGO)

Não se usa a vírgula antes do gerúndio ou da oração gerundial que

(4) denota *meio, modo* ou *instrumento*:

Fez a cirurgia *conversando*.

Dewey já comentava a importância de "aprender *fazendo*".

Mandou pintar o edifício *empregando* mão de obra local.

Mostramos nosso trabalho fora da capital *pondo* dinheiro do próprio bolso.

O presidente subiu a rampa *correndo*.

A cigarra passou a vida *cantando*.

(5) tem a função de uma oração adjetiva restritiva:

Vi um menino *domando* uma fera. [= que domava]

É comum encontrarmos loucos *falando* sozinhos. [= que falam]

Todo lojista, seja proprietário ou locatário, tem o direito de exigir documento *comprovando* as despesas efetuadas. [= que comprove]

A ministra Dorothea patrocinou projeto de lei *proibindo* tal importação.

Foi acusado de prática de nepotismo *envolvendo* a filha.

(6) equivale a uma oração adverbial na sua ordem habitual (não anteposta nem intercalada), principalmente quando indica uma finalidade [oração adverbial final]:

Emitiu nota oficial *informando* que os culpados seriam punidos.

O chefe telefonou ao secretário *dizendo* ser inadmissível tanto erro de português.

Ele se demitiu *objetivando* facilitar as investigações.

Minutos antes do casamento, ligou para a irmã *dizendo* que ia viajar.

Sempre escreve ao pai *pedindo* mais dinheiro.

Observe que nos itens 4, 5 e 6 – de gerúndio sem vírgula – a indicação é sempre de ações simultâneas.

Adjetivas

14. Oração adjetiva explicativa

Toda oração adjetiva explicativa vem obrigatoriamente precedida de vírgula ou, se intercalada, entre vírgulas:

Comprei o primeiro livro de Paulo Coelho, *que* arrebatou o público e a crítica.

A Lei 8.078/90, *que* dispõe sobre a proteção do consumidor, foi sancionada por clamor da sociedade.

O espetáculo Vozes e Valsas, *do qual* ouvi falar quando estive em Paris, fez o maior sucesso na Europa.

Queria rever a cidade de Paraty, *onde* nasceu. [onde = na qual]

Gosto de Vivaldi, *cuja* música suave me faz relaxar.

O que essas orações explicativas têm em comum? Todas começam por um **pronome relativo** (*que, do qual, onde, cuja*), precedido ou não de preposição. Elas exprimem ideias acessórias que se apõem ao pensamento principal, podendo ser eliminadas da frase sem prejuízo do seu sentido:

Comprei o primeiro livro de Paulo Coelho.

A Lei 8.078/90 foi sancionada por clamor da sociedade.

O espetáculo "Vozes e valsas" fez o maior sucesso na Europa.

Queria rever a cidade de Paraty.

Gosto de Vivaldi.

Podemos perceber que as orações que eliminamos somente completavam a informação anterior, como se estivessem entre parênteses (que podem ser colocados tanto no meio como no final do período). A oração adjetiva funciona com um segundo adjetivo, uma segunda qualificação ou atributo do substantivo antecedente; equivale a um aposto explicativo.

Podemos concluir que a oração iniciada por *que* ou outro pronome relativo que se segue a um *ente único* só pode ser explicativa (e não restritiva), pois o nome em si já está plenamente identificado, como nestes outros exemplos:

Venceu o *Fluminense*, que agora é campeão estadual.

Trata-se da biografia de *Assis Chateaubriand*, que construiu um império no setor das comunicações.

O chefe pediu uma cópia da *Lei 9.847*, que trata das gratificações do magistério.

Rebelou-se o *Ministro da Saúde*, que defende a volta do IPMF, o imposto sobre os cheques.

Muitas vezes o pronome relativo e o verbo auxiliar estão ocultos na oração explicativa:

(1) Sua mulher, (que é) professora universitária, está prestes a se aposentar.

(2) Rossini escreveu sua obra-prima, (que é) o Barbeiro de Sevilha, aos 24 anos.

(3) A feira de informática, (que foi) realizada em prol dos excluídos digitais, deu um bom lucro.

(4) Delamar, (que estava) a mexer os braços, pedia socorro aos companheiros.

(5) O garçom, (que vivia) carregando bandejas, sentia-se feliz.

Em termos gramaticais, nos exemplos 1 e 2, pela supressão do pronome relativo + verbo ser, temos aposto explicativo, que vem necessariamente entre vírgulas. Nos exemplos 3, 4 e 5 as orações explicativas são reduzidas de particípio, de infinitivo e de gerúndio (ver p. 43-44).

Dupla intercalação

Também é possível haver uma intercalação no meio de uma oração explicativa. Nesse encaixe usam-se mais duas vírgulas ou simplesmente não se colocam vírgulas, dependendo do tipo ou da extensão da intercalação. Observe o exemplo:

O Declínio do Império Americano evoca uma superprodução estrelada por Charlton Heston, que desembarca em 1986 no Canadá.

Quebrando-se a oração explicativa com uma intercalação ["tendo-se perdido no tempo e no espaço"], o período fica assim:

O Declínio do Império Americano evoca uma superprodução estrelada por Charlton Heston, *que*, tendo-se perdido no tempo e no espaço, *desembarca em 1986 no Canadá*.

Não há problema de o pronome relativo *que* ficar entre duas vírgulas. Apenas para lembrar: verifica-se que o *que* é pronome relativo quando equivale a *o qual, a qual, os quais, as quais*.

15. Oração adjetiva restritiva

Não se separa por vírgulas a oração adjetiva restritiva. Enquanto a oração explicativa acrescenta uma ideia acessória ao pensamento principal e pode ser eliminada da frase sem prejuízo do sentido, a oração adjetiva restritiva é indispensável à compreensão da ideia porque define, particulariza ou identifica um nome (substantivo ou pronome) expresso anteriormente:

A lei *que trata dos direitos do consumidor* é sempre lembrada.

Lave as roupas, principalmente aquelas *que você usou no piquenique*.

O restaurante *a que fomos ontem* estava superlotado.

As pessoas *a quem amamos* nos parecem insuperáveis.

Li apenas o texto *cujo título me pareceu convincente*.

Ao sentir fome, tentou pegar alguma coisa do armazém *onde estava*.

Como se constata nos exemplos acima, a oração adjetiva restritiva também é introduzida por um pronome relativo, antecedido ou não de preposição (*que, a que, a quem, cujo, onde*). Geralmente ela aparece intercalada entre o sujeito e o seu predicado, mas não vai entre vírgulas porque não constitui uma explicação acessória. Ao contrário, a restritiva identifica o substantivo antecedente como se fosse um adjetivo.

Diferenças entre explicativa e restritiva – esquema

1° Caso

A oração adjetiva **explicativa** funciona como um aposto, dá *nova* qualificação, apresenta outro atributo a um substantivo, como já foi bastante exemplificado. Verifique nos exemplos a seguir que o padre e o livro já têm uma identificação específica (Becker, de *padre*; As meninas, de *livro*). Assim, a vírgula separa a especificação da explicação que é adicional:

Chamamos o padre Becker, que *morava nos fundos da igreja*.

Em 1972 li o livro "As meninas", *que adorei*.

A oração **restritiva** qualifica o substantivo antecedente como se fosse um adjetivo. E assim como não se separa o substantivo do adjetivo que o qualifica, não se separa a oração adjetiva restritiva do seu substantivo, uma vez que ela funciona como um adjetivo, a ver: as pessoas *a quem amamos* = as pessoas *amadas*; os homens *que praticam a generosidade* = os homens *generosos*; o padre *que morava* = o padre *residente*... Sendo assim:

Chamamos *o padre que morava* nos fundos da igreja.

Em 1972 li *um livro que adorei.*

2° Caso

A oração explicativa refere-se a **todos** da espécie ou grupo. A restritiva limita-se a **um** ou **alguns** do grupo ou espécie; restringe o universo do termo anterior. Neste segundo caso, podemos até encontrar frases idênticas, em que somente as vírgulas vão nos permitir a sua interpretação correta, conforme veremos.

Explicativas

O prefeito gratificou os funcionários, que trabalharam no feriado. [*todos os funcionários trabalharam no feriado e todos receberam gratificação*]

Os servidores do TJ, que estão em greve, serão punidos. [*todos estão em greve, todos serão punidos*]

O homem, que é mortal, procura ser eterno. [*todos os homens são mortais*]

O trote era dado aos calouros [*a todos eles*], que chegavam à universidade já receosos.

A reportagem trata dos dependentes químicos, que são [*todos eles*] tão tratáveis quanto os alcoólicos.

Restritivas

O prefeito gratificou os funcionários que trabalharam no feriado. [*só uma parte dos funcionários trabalhou no feriado e só esses foram gratificados*]

Os servidores do TJ que estão em greve serão punidos. [*só estes*]

O homem que mente é desprezível. [*refiro-me somente àqueles que mentem*]

O trote era dado aos calouros que chegavam à universidade. [*só aos que chegavam*]

A reportagem trata dos dependentes químicos que estudam no colégio. [*só dos que estudam*]

DICA

O pronome relativo "que", ao iniciar uma oração explicativa, pode ser substituído por *o/a qual, os/as quais*, o que não acontece na restritiva.

NOTA

Da mesma forma que nas orações explicativas, encontram-se adjetivas restritivas em que o *pronome relativo + o verbo ser* não aparecem explicitamente. Ficam subentendidos, por exemplo: *Dirija-se à instituição de ensino superior (que é) responsável pela aplicação dos testes.*

O QUE DIZ A GRAMÁTICA

Orações subordinadas adjetivas

Funcionam como adjetivos. Vêm anexas ou justapostas, mediante um pronome relativo, a um nome (substantivo ou pronome) antecedente. Dividem-se em:

1. *Explicativas* – exercem a função de aposto (com pausa) de um substantivo já definido (por natureza, pelo discurso ou pelo contexto). Podem ser:

- *desenvolvidas* – introduzidas por um dos pronomes relativos:

que	cujo	onde (= em que)
quem	(tudo) quanto	como (= com que)
o qual	(todos) quantos	quando (= em que)

- *reduzidas* – com o verbo nas formas nominais, pela supressão do pronome e do verbo de ligação.

2. *Restritivas* – exercem a função de adjunto adnominal (sem pausa), delimitando o sentido do termo antecedente. Podem ser:

- *desenvolvidas* – introduzidas por um dos pronomes relativos:

que	cujo	onde (= em que)
quem	(tudo) quanto	como (= com que)
o qual	(todos) quantos	quando (= em que)

- *reduzidas* – com o verbo numa das formas nominais (gerúndio, particípio, infinitivo), pela supressão do pronome relativo + verbo de ligação.

PARTE 2

CRASE

1. Sobre a crase

A crase é um fato linguístico que se caracteriza pela fusão da preposição *a* com o artigo definido *a*. Como, por definição, o artigo definido feminino é um termo determinante apenas do substantivo feminino, pode-se derivar daí um princípio básico para a ocorrência dessa fusão: a existência de um substantivo feminino determinado pelo artigo, esteja o substantivo explícito ou implícito na frase.

Em Gramática Descritiva utiliza-se o termo não só para designar a contração da preposição *a* com o artigo definido *a* (no plural: *as*) mas também com *aquilo, aquele* e flexões, sendo então indicada pelo acento grave: *à, às, àquele, àquilo*.

Por transposição semântica perfeitamente compreensível, a palavra *crase* passou a designar ainda o acento grave que marca essa contração na escrita.

> Não sendo possível para o falante de português brasileiro guiar-se pelo ouvido, pois em nosso país tanto *a* (preposição, artigo ou pronome pessoal) quanto *há* ou *à* têm o mesmo som (a proferição com o timbre aberto), a confusão está feita na hora de escrever. Das línguas neolatinas, a portuguesa é a única em que existe a denominada *crase*, pois o nosso artigo feminino perdeu o *l* do artigo *la* que o espanhol, o francês e o italiano conservaram do latim vulgar *illa*. E foi assim que ficamos com a mesma letra para designar a preposição e o artigo.

O que você deve saber antes de começar a estudar

Se a crase é a fusão da preposição *a* com o artigo *a*, como dito antes, ela tem a ver fundamentalmente com os *substantivos femininos*, explícitos ou implícitos, pois são eles (os substantivos em geral) os termos determinados por artigo, o que não ocorre em nenhuma outra classe gramatical. Naturalmente esse substantivo pode estar precedido de um adjetivo, pronome ou numeral (adjuntos adnominais), mas é com ele – o substantivo como núcleo de um sintagma nominal – que a crase está relacionada, como se pode ver: "Em meio *à* verdadeira *revolta* popular que o país está vivendo, teve acesso *às* mais de 15 *reportagens* sobre o caso."

Sintaticamente falando, os termos diante dos quais ocorre a crase (termos dependentes) exercem a função de complemento (objeto indireto, complemento nominal) ou de adjunto adverbial. Já diante de sujeito e de objeto direto – cujo núcleo é constituído por um substantivo não preposicionado – jamais se usa a crase. Então, por exemplo, em "Disse *a juíza* que ele é inocente", sabe-se que a juíza é quem fez a afirmação; mas em "Disse *à juíza* que ele é inocente", a juíza não é mais o sujeito do verbo dizer – alguém fez a afirmação a ela.

Desta forma, nossas primeiras lições serão sobre os termos que exigem a preposição *a* antepostos a substantivos que não possam prescindir do artigo *a* em dada situação: verbos, nomes (substantivos – comuns e próprios –, adjetivos, advérbios) e locuções prepositivas.

2. Verbos

O universo dos verbos transitivos indiretos com que lidamos na questão da crase é relativamente restrito, pois compreende apenas aqueles que exigem complemento iniciado pela preposição *a*.

Nas frases abaixo, de construção semelhante, vamos perceber o mesmo verbo seguido de complemento *com* crase e *sem* crase (neste último caso, trata-se do objeto direto ou do sujeito da oração):

> **Abandonou à própria sorte** os filhos pequenos, aventurando-se com um marinheiro.
> Abandonou a própria sorte quando resolveu fugir da bela vida que levava.

> **Vai à luta** com você, pois solidário ele é.
> Vai a luta ser desigual? todos nos perguntamos.

> **Fica à escolha** do freguês levar um cupom ou ganhar um pequeno desconto.
> Fica a escolha do novo modelo por conta do cliente.

> Solicito **acrescentar à lista** de livros estes títulos: *Mila 18*, *Os Ratos* e *Mad Maria*.
> Solicito acrescentar a lista de livros ao pacote que seguirá para a livraria.

A massagem relaxa e **leva à mente** o aquietamento e a paz.
A massagem relaxa e leva a mente ao aquietamento.

Favor **anexar à folha** 4 o mapa estatístico.
Favor anexar a folha 4 ao mapa estatístico.

Os sintomas incluem náusea e desmaios e podem **levar** ao coma e **à morte**.
Os sintomas incluem desmaios que podem levar a morte a um paciente debilitado.

Sugeriu à diretoria a concentração de esforços nas fábricas e no campo.
Sugeriu a diretoria que concentrássemos esforços nas fábricas e no campo.

Pode-se ver um sintagma craseado no início da frase quando o verbo está oculto ou o complemento verbal está deslocado:

À luta, mesmo tarde, antes que seja tarde demais!

À vontade, pessoal!

À Fundação do Bem-Estar do Menor cabe prestar atendimento aos jovens desassistidos.

À Praça XV podemos conferir, além da importância urbanística, um forte caráter histórico.

3. Nomes

A crase envolve, além de um substantivo feminino determinado pelo artigo, a regência da preposição *a*. Não só verbos mas também nomes – substantivos, adjetivos e advérbios – regem ou se servem da preposição *a* para se relacionar com os substantivos ou outros termos regidos (dependentes). Por exemplo: [subst.] *horror a* lugares fechados; [adj.] *útil a* tanta gente; [adv.] *paralelamente a* isso... Se depois desses nomes intermediados pela prep. *a* for colocado um substantivo feminino determinado, teremos *a a,* o que implica uma crase e o uso do acento indicativo dessa crase/fusão. Em tais casos, valer-se do artifício da troca do substantivo feminino pelo masculino (e verificar o emprego do artigo masculino com esse substantivo) é válido para tirar a prova dos noves:

Manifestou seu horror *à depredação* [ao estrago] do patrimônio público.

É um instrumento útil *à maioria* [ao grosso] dos trabalhadores.

Paralelamente *à exposição* [ao espetáculo] haverá distribuição de cestas básicas.

É possível fazer a associação de nomes a verbos. Há alguns nomes que apresentam o mesmo regime dos verbos de que derivam. É o caso, por exemplo, de *obedecer, equivaler, referir-se* e *vincular-se*:

Obedeça à sinalização. → Devemos **obediência às** leis de trânsito. É uma criança **obediente à** sua mãe. Agiu **obedientemente à** legislação em vigor.

Equivale ao melhor dos negócios. → É **equivalente à** terça parte do negócio.

No seu discurso, o presidente *referiu-se a* diversos empresários. → No seu discurso, fez **referência à** boa gestão das empresas.

O diretor *vinculou-se a* uma associação de benfeitores do esporte. → A associação está **vinculada às** empresas do setor metalúrgico.

Grande parte dos nomes que exigem a preposição **a**, contudo, deriva de verbos com diferente regência. Em geral, verbos transitivos diretos:

Vou *apoiar* a formação de um novo grupo de trabalho. → Vou dar **apoio à** formação de um novo grupo de trabalho.

Salários baixos não *incentivam* a eficiência e o desempenho. → Salários baixos não são **incentivo à** eficiência e ao desempenho.

Margarida *aprecia* a sogra. → Margarida tem **apreço à** sogra.

Eles *amam* a pátria em que nasceram. → Eles têm **amor à** pátria em que nasceram.

Consultamos a entidade indicada. → Fizemos uma **consulta à** entidade indicada.

Sempre *elogio* as pessoas esforçadas. → Sempre faço **elogios às** pessoas esforçadas.

Preferiu a uva mais cara. → Deu **preferência à** uva mais cara.

Residente à/na

A rigor, como os verbos morar, residir, situar, localizar e semelhantes são regidos pela preposição *em*, deveria se usar *na* e não *à* nos casos específicos. Mas é muito comum o uso intercambiável das preposições *a* e *em* na língua portuguesa. Então, nessa situação se veem ambas as formas: *na rua* e *à rua*. O mesmo acontece com seus derivados *morador, residente, domiciliado*:

> Ela reside **à** rua Tupi.
>
> Jacó Silva, brasileiro, casado, domiciliado **à** rua Sete de Setembro, requer...
>
> Vende-se casa [situada/sita] **à** avenida Salinas.
>
> Vamos nos encontrar na sede do Partido, **à** R. Barão do Rio Branco.
>
> Aluga-se imóvel [localizado] **à** Av. Central, no bairro Sol.

Na língua falada, justifica-se o uso mais frequente de *na* porque o *à* se confunde na pronúncia com *há* e com o artigo *a*. Já o *em*, combinado ou não com um artigo, não deixa margem a dúvidas:

> Residimos **na** rua Tupi.
>
> A casa está situada **na** avenida dos Guararapes.
>
> Você ainda mora **na** mesma travessa?
>
> A sede do Partido se localiza **na** rua Barão do Rio Branco l.

De qualquer modo, o uso de "à rua" já está consagrado pelo uso e abonado pelos gramáticos. Em *Syntaxe Histórica Portuguesa* (1959), Dias faz alentado estudo das preposições, no qual demonstra que a preposição *a* "equivale a *em*, em algumas expressões avulsas: *está escrito aos dezassete capítulos*" e que "em certas combinações *a* designa proximidade, contiguidade", como *à porta* (= na porta), o que pode bem ser o caso de *à/na rua*.

E Celso Pedro Luft ("O Mundo das Palavras" nº 2.347) resume o assunto desta forma: "*No português brasileiro atual, com o verbo morar e derivados a preposição originária* em *pode comutar com* **a** *(esta, sobretudo na língua escrita): morar (morador)* na *ou* à *Rua X. O mesmo vale para* residir (residente) *e* situado, sito."

4. Horas

Na maioria absoluta dos casos coloca-se o acento indicativo de crase diante da palavra *horas*, uma vez que ela vem determinada pelo artigo (*as horas*):

> Os bancos abrem **às** 10 horas.
>
> **Às** 21h30 será servido o jantar.
>
> O enlace matrimonial se realizará **às** dezoito horas do dia vinte de maio.
>
> Precisamente **às** 20h43min teve início o espetáculo.

À uma hora, à zero hora

Como a crase, por definição, é a fusão de prep. *a* com o artigo *a*, naturalmente não ocorre crase diante de artigo indefinido (por exemplo: Falou a uma multidão. Entregou o papel a uma das moças. Essa é tarefa restrita a uma grande nação). Mas no caso de *uma hora* escreve-se *à* porque aí se trata numeral *uma* que antecede a palavra hora. Pela mesma razão se usa a crase antes da hora *zero*:

> O eclipse da Lua poderá ser apreciado **à** uma hora (ou: **à** 1 h) da madrugada.
>
> Foi dada a partida **à** zero hora.

Para as 12 horas

Sendo a crase a fusão da prep. *a* com o artigo *a*, não se poderá acentuar o *a/as* diante das horas quando se empregar outra preposição no lugar da prep. *a*, para que não haja uma superposição de preposições. Quando só existe o artigo *as* (as horas), não há como ocorrer uma fusão. São quatro as possibilidades de uso sem crase: com *para, desde, após* e *entre*.

> A conferência está marcada **para as 10 horas** da noite.
>
> **Desde as duas** estou te esperando.
>
> Não atendemos **após as 18 h** de sábado.

Foi estabelecida a partida **para a zero hora.**

A empresa avisa que faltará luz na cidade **entre as 20 h e as 22 h.** [compare: *entre o* meio-dia e *as* 22 h]

Até as/às 10 h

Embora tenhamos dito que não se usa o *a* craseado depois de uma preposição, é possível usá-lo junto com *até* diante da expressão indicativa de horas, uma vez que a prep. *até*, por motivo de clareza, pode ser seguida da prep. *a*, como se prefere no português europeu. No Brasil há uma preferência pela construção com a prep. *até* diretamente ligada ao termo regido (sem crase).

Os portões ficarão abertos **até às** 23 horas.
Os portões ficarão abertos **até as** 23 horas.

De qualquer forma, escrever *até as 23 h* ou *até às 23 h* é indiferente, porque em tais casos não há o perigo de confusão com a partícula de inclusão *até*, que tem o sentido de "mesmo, inclusive, ainda, também". Em alguns contextos, no entanto, ela pode se confundir com a preposição, como neste exemplo: Queimou todo o cabelo até a raiz [inclusive a raiz]. Se não for esse o caso, a crase dará a clareza necessária: Queimou todo o cabelo **até à** raiz [até junto à raiz].

5. Numerais

Embora o fenômeno da crase tenha a ver basicamente com a classe dos substantivos, muitas pessoas perguntam se ocorre crase diante dos numerais cardinais. Respondo que normalmente não, porque eles são usados sem artigo definido e não têm gênero (exceto *um* e *dois* e os terminados em *-entos*: uma, duas, duzentas, trezentas etc.). Observe:

Contemos de 1 a 20: um, dois, três, quatro...

Li 10 páginas apenas.

Há 100 cavalos em exposição.

Compramos cinco mesas e 30 cadeiras.

Outras vezes se poderá encontrar na frente do numeral um *a*, que não será acentuado por se tratar de mera preposição:

Lombada **a** 100 metros.

Posto de emergência **a** três quadras daqui.

Dirigiu-se **a** duas crianças.

Chegou-se logo **a** 12 propostas.

Vale lembrar que *à/às* só tem cabimento diante de substantivos femininos que admitem a anteposição do artigo definido. No entanto, poderemos visualizar uma crase – correta – antes do numeral em duas circunstâncias:

1º) quando houver, subentendido diante do numeral, um substantivo feminino definido, que não se repete por questão de estilo:

Li da página 1 **à** 10. [da página 1 **à página** 10]

Caminhou da rua Augusta **à** 7 de Setembro. [da rua Augusta **à rua** 7]

2º) quando houver explicitamente junto ao numeral um substantivo feminino determinado (do qual o numeral é apenas um dos determinativos):

Dirigiu-se **às duas** crianças abandonadas.

Servirão refeições grátis **às dez** primeiras pessoas que aparecerem.

Chegou-se, dessa forma, **às 12** propostas descritas no memorial.

Como se vê, a crase aí está relacionada não ao numeral mas ao substantivo determinado: *as crianças abandonadas, as primeiras pessoas que aparecerem, as propostas descritas*. Mudando-se esse substantivo para um equivalente masculino, temos *aos* em vez de *às*:

Dirigiu-se **aos dois meninos** abandonados.

Servirão refeições grátis **aos dez** primeiros **indivíduos** que aparecerem.

Chegou-se, dessa forma, **aos 12 projetos** descritos no memorial.

NOTA

O *a* craseado às vezes também aparece na frente de pronomes, preposições e outras classes de palavras que normalmente não admitem a crase. Isso acontece quando o substantivo feminino está oculto, subentendido na frase (apenas presente na mente):

> Vais **à** missa das 7? Não, vou **à** das 8. [vou **à** (missa) das 8]

No caso de crase diante de nome masculino, subentende-se o substantivo *maneira* ou *moda*:

> Enganou-me sob o disfarce de um desespero **à** Dostoiévski.
>
> A exposição trazia diferentes pares de sapatos **à** Luís XV.

A propósito, a expressão **à moda de** pode vir explícita ou subentendida:

> A salada **à** moda da casa tem preço especial.
>
> Ofereceu-lhe arroz **à** (moda) grega com bife **à** milanesa.

De 1 a 10, de primeira a quinta, da 1ª à 5ª

Uma quadrinha simples torna mais fácil memorizar um caso de crase muito comum: "DA com A – crase há. Se vai DE – crase pra quê?"

Este recurso se aplica a dois substantivos em sequência antecedidos ou não por um numeral. Quando se faz a ligação de dois numerais ou substantivos por *de ... a*, não se deve crasear o segundo; mas quando se determina o primeiro elemento com *da* ou *do*, o segundo inicia com *à* (ou *ao*, se masculino). É uma questão de coerência: havendo determinação no 1º substantivo ou numeral ordinal (que acompanha o substantivo), deve haver determinação no segundo.

Exemplos SEM a determinação:

Trabalhamos **de** 3ª **a** sábado.

A exposição ficará aberta ao público **de** hoje **a** domingo.

Ainda há vagas para alunos **de** 5ª **a** 8ª série.

Só sabe contar **de** 1 **a** 100.

Os eletrodomésticos estão em todas as casas, **de** norte **a** sul do país.

As inscrições poderão ser feitas **de** 1° de maio **a** 15 de junho.

Exemplos COM a determinação:

Todas as alunas **da** 1ª **à** 4ª série foram dispensadas.

Molhou-se **dos** pés **à** cabeça.

A ceia será servida **da** meia-noite **à** uma hora.

Trabalho **desta** segunda **à** quinta-feira próxima.

O jantar estava perfeito **da** entrada **à** sobremesa.

Tudo parece estar em constante subida – **da** mensalidade escolar **à** consulta médica, **do** aparelho de som **à** geladeira.

6. Pronomes possessivos

Sabemos que a crase está condicionada ao uso simultâneo da preposição *a* com o artigo *a*; portanto, para ocorrer a crase é preciso que a palavra anterior [um verbo ou um nome] exija a preposição *a*, e o substantivo posterior – que será obrigatoriamente feminino, explícito ou não – admita a presença do artigo definido.

Se por exemplo você escreve "para minha mãe", sem o artigo antes do possessivo, e troca o *para* pela preposição *a*, isso significa que não há crase:

Entreguei um presente **a minha** mãe.

Entretanto, muitos brasileiros, principalmente os do Sul e Sudeste, escrevem "para *a* minha mãe", o que pressupõe a coexistência da preposição com o artigo definido. Neste caso, a forma correspondente é com crase:

Entreguei um presente **à minha** mãe.

Conclusão sabida e regra repetida: o uso do acento indicativo de crase antes do pronome possessivo é facultativo. Mas é altamente recomendável usá-lo, pois evita ambiguidades, sobretudo depois de verbos. Tomemos este exemplo:

Favor anexar a sua declaração de isento a sua identidade.

Anexar o que a quê? É preciso deixar isso claro com o uso da crase:

Favor anexar **à sua declaração** de isento a sua identidade.

ou

Favor anexar a sua declaração de isento **à sua identidade**.

Outros exemplos em que a crase é importante para a clareza da mensagem:

Você deve anexar a sua identidade à sua petição.

Peço que junte à nota para a imprensa a sua fotografia.

Nota-se o desapego material que o autor tem à sua obra.

Dobre à sua direita.

O Papai Noel vai bater à sua porta.

A bem da verdade, esse tipo de crase só poderia ser dito "facultativo" em relação às regiões do Brasil, pois em alguns estados não se usa o artigo definido diante do possessivo. Ali as pessoas normalmente dizem: "de minha mãe, de meu pai, minha amiga, para minhas tias", o que em tese as desobrigaria do *a* craseado. Já em outros lugares o artigo definido é usual: "da minha mãe, do meu pai, com a minha amiga, para as minhas tias". Esta situação enseja o emprego de *à* ou *às*: refiro-me *à minha amiga e às minhas tias*, por exemplo.

Em Portugal, a crase (que é chamada simplesmente de *acento grave*) com os pronomes possessivos é de lei, pois o uso do artigo definido diante deles é a norma naquele país. Numa biblioteca pública da cidade de Porto, em agosto de 2001, li num manual de gramática que era "mania de brasileiro" a dispensa do artigo na frente dos possessivos!

Possessivo plural

É preciso ter cuidado com a opção diante de pronome possessivo plural: a alternativa não é as/às, mas sim **a/às**, pois aí a questão é escolher entre a simples preposição (entendendo-se que não se queira usar o artigo definido antes do possessivo) ou a preposição combinada com o artigo no plural:

> Não reconheceu o Estado de Israel por questões políticas ligadas **a/às** suas relações com os países árabes.

É interessante manter a coerência dentro do texto, ou pelo menos dentro da frase, quando possível (nem sempre o é, dada a variedade de uso dos pronomes possessivos):

> Passo *a suas* mãos documento que já é *de seu* conhecimento.
> Passo *às suas* mãos documento que já é *do seu* conhecimento.
>
> Na casa *de minha* irmã, eu me referi *a minhas* dificuldades.
> Na casa *da minha* irmã, eu me referi *às minhas* dificuldades.

7. Nomes de mulheres

O uso do acento indicativo de crase diante de nomes próprios de mulheres é tido como "facultativo". Usa-se o acento grave [à] diante de alguns nomes femininos, mas não diante de outros – isso é verdade. O que de fato demarca nossa opção é a possibilidade de ser o nome determinado por um artigo.

No Brasil, o uso do artigo diante de nomes de pessoas tem um caráter regionalista, e não só de familiaridade. Em suma: se você costuma empregar o artigo definido diante de um nome de mulher, pode usar o *a* craseado quando a situação pedir (ou seja, quando a expressão ou verbo diante do nome exige a preposição **a**). Assim, vejamos primeiramente o caso de pessoas a quem chamamos pelo prenome:

> Gosto de Beatriz. Penso em Rita. → Contei a Beatriz o que falei a Rita.

Gosto da Beatriz. Penso na Rita. → Contei à Beatriz o que disse à Rita.

Já quando se faz referência a nome e sobrenome, tão somente a familiaridade é que vai determinar o uso do acento indicativo de crase:

1. A crase *não* ocorrerá se o nome da pessoa for mencionado formalmente ou se tratar de personalidade pública, pois nessas circunstâncias o nome da pessoa, seja homem ou mulher, nunca é precedido de artigo definido:

Referiu-se **a** Rachel de Queiroz. → [compare: Gosta **de** Rachel de Queiroz]

Fizemos uma homenagem **a** Euclides da Cunha. [nunca "ao Euclides da Cunha", pois gostamos **de** Euclides da Cunha]

Muitos fizeram elogios de última hora **a** FHC e **a** Ruth Cardoso.

Basta ao nome próprio feminino repelir o artigo para que não possa ser antecedido de crase:

Rezamos toda noite **a Nossa Senhora**. [Compare: imagem **de** Nossa Senhora]

Em Nova Trento/SC, fiz uma promessa **a Santa Paulina**.

Os templos dedicados **a Diana** e **a Minerva** estão bem preservados.

2. A crase ocorrerá se, apesar do nome completo, a pessoa for referida com amizade, numa atmosfera afetiva. É muito comum este tipo de uso nos agradecimentos que se fazem em livros, teses e dissertações, situação que pela sua formalidade e tipo de divulgação comporta o nome completo das pessoas homenageadas, embora possam ser da intimidade do autor. É importante que se mantenha a coerência: se o nome do homem é articulado [**o/ao**], também o da mulher deverá ser precedido de artigo [**a/à**]. Vejamos um exemplo comum:

Desejo externar os meus agradecimentos

– **ao** Dr. Alceu Lima, por sua contribuição nesta pesquisa;

– **ao** Prof. Nilo Silva, pela dedicada orientação;

– **à** Profa. Maria Lima e Silva, por sua amizade;

– **ao** Renato Cruz e Sousa, pelo companheirismo;

– **à** Rejane Silva e Lima, pela revisão.

Há igualmente a situação de nomes próprios (verdadeiros ou artísticos) de homens e mulheres famosos com os quais também se usa o artigo definido porque a fama implica uma pretensa familiaridade com a pessoa. No Sul, por exemplo, dizemos "Gosto *da* Gal Costa. Comprei um disco *da* Gal (Costa)". Portanto:

Refiro-me **à** Gal Costa.

Entretanto, quem diz "Gosto *de* Gal Costa. Comprei um disco *de* Gal", deve escrever:

Refiro-me **a** Gal Costa.

8. Nomes próprios geográficos

Quando se trata de saber se diante dos nomes de cidades, estados e países se usa **a** ou **à**, fica valendo o mesmo princípio da determinação, qual seja: se o nome é feminino e pode ser precedido pelo artigo definido *a*, existe a possibilidade do uso do *a* craseado.

Cidades

Como regra, não se usa o acento indicativo de crase diante dos nomes de cidades, porque eles repelem o artigo definido, como se pode observar: "Venho *de* Florianópolis. Ele mora *em* Curitiba. Estivemos *em* Vitória. Salvador é uma festa". Portanto, nada de crase:

Bem-vindos **a** Blumenau.

Vamos **a** Salvador.

Refiro-me **a** Imperatriz, no Maranhão.

Somente quando modificados por algum elemento restritivo ou qualificativo é que os nomes de cidade podem receber o artigo feminino e portanto a crase. São casos de uso pouco comum:

Bem-vindos à Florianópolis das 42 praias.

Fomos à bela Blumenau.

Refiro-me à Brasília dos excluídos, e não dos políticos endinheirados.

Estados

Em princípio, só dois Estados brasileiros admitem a crase: a **Bahia** e a **Paraíba**. As demais unidades da Federação ou são nomes masculinos (*o Amapá, o Acre, o Amazonas, o Ceará, o Espírito Santo, o Maranhão, o Mato Grosso do Sul, o Pará, o Paraná, o Piauí, o Rio de Janeiro, o Rio Grande do Norte, o Rio Grande do Sul, o Tocantins*) ou não são determinados por artigo (*Alagoas, Goiás, Mato Grosso, Minas Gerais, Pernambuco, Rondônia, Santa Catarina, São Paulo, Roraima, Sergipe*). Sendo assim:

Bem-vindos **à** Bahia.

Vamos **à** Paraíba e **a** Santa Catarina.

Esse patrimônio incalculável pertence **a** Goiás.

Refiro-me **ao** Rio Grande do Sul e **ao** Pará.

Países

A presença do *a* craseado diante de um nome de país depende de esse país ser determinado ou não pelo artigo definido. Entre os que levam artigo, alguns são masculinos (*o Canadá, os Estados Unidos, o Japão, o Chile...*), outros femininos (*a Rússia, a Venezuela, a Índia...*). E há nomes que se usam tanto com o artigo quanto sem ele – no Brasil, preferimos com o artigo; em Portugal, sem ele: na França/em França; da Itália/de Itália; na Espanha/em Espanha; da Inglaterra/de Inglaterra. O mesmo vale para o continente: da Europa/de Europa. Portanto, escrevemos:

Bem-vindos **à** Argentina.

Quanto **à** Europa, refiro-me **à** França, **à** Polônia e **à** Espanha.

O presidente chegou **à** Inglaterra por volta do meio-dia.

Enviamos saudações **à** Venezuela.

ARTIFÍCIO DE TROCA

Um artifício para verificar a correção de uso que funciona bem com os nomes próprios de lugar é este: se o *a* pode ser substituído por *para, de, em, por*, continua sendo *a*. Se no lugar de *a* pode-se usar *para a, da, na, pela*, então é *à*. Exemplos:

> Vim **de** Brasília. Estou **em** Brasília. → Excursão **a** Brasília.
>
> Vim **da** Índia. Vive **na** Índia. Foi **para a** Índia. Andou **pela** Índia. → Foi **à** Índia.

9. Locuções prepositivas

A locução prepositiva, que tem a mesma função da preposição, é o conjunto de duas ou mais palavras, sendo a última delas uma preposição simples: *quanto a, ao lado de, de acordo com, frente a* etc.

Vamos ver agora somente as locuções que *acabam* na preposição *a*, pois estas exigem o *a* craseado quando se ligam a um substantivo feminino determinado. Como são relativamente poucas as locuções que se enquadram nesta categoria, é fácil memorizá-las:

> **Graças à** competência do médico, o menino se curou completamente.
>
> **Em atenção à** reclamação formulada por sua empresa, revisaremos o produto.
>
> Foram abertas inscrições **com vistas à** renovação da diretoria.
>
> Nada apuramos **quanto à** participação da nossa equipe no campeonato estadual.
>
> **Em relação à** solicitação de emprego que V. Sa. nos fez, nada podemos adiantar.
>
> Qual seu interesse **relativamente às** tabelas afixadas no mural?
>
> O governo se calou **no tocante às** perguntas sobre o empréstimo compulsório.
>
> Qualquer matéria **com referência à** música minimalista é de nosso interesse.

Face às necessidades detectadas, novas prioridades serão estabelecidas.

Qual foi sua atitude **com respeito à** difamação?

O carro pifou **próximo à** rua onde morávamos.

Frente às reivindicações dos funcionários, a diretoria fará alterações no quadro.

Parou **em frente às** galerias.

Vamos nos encontrar **defronte à** barbearia do Luís.

Viajou **em direção à** fronteira.

Encostou o carro **junto à** calçada.

O governador logrou êxito **junto às** autoridades federais para que fossem liberadas outras linhas de crédito.

Devido à ocorrência de geadas em outubro, os produtores de uva enfrentaram uma queda de produção de 70%.

Foi cancelado o espetáculo **devido à** chuva.

ARTIFÍCIO DE TROCA

Um bom artifício para confirmar se em determinada circunstância o verbo pede o *a* craseado é trocar seu complemento feminino por um masculino, de preferência sinônimos. Onde se usa *ao*, deve-se usar *à*, pois um *à* (a a) é o feminino de um *ao* (a o). Escreve-se:

Diga a ela. Diga a ele. → O **a** permanece **a** diante do feminino e do masculino – não se acentua, então.

Apreciou a festa. Apreciou o espetáculo. → O **a** se tornou **o** – também não se acentua.

Fale **à** moça. Fale ao rapaz. → O **a** se tornou **ao**, o que significa que aí tem uma crase (a a), por isso foi acentuado: **à**.

Outros exemplos:

Transmitiu *à patroa / ao patrão* os agradecimentos da equipe.

Muitos políticos acorreram *à sede do governo / ao palácio* para a solenidade.

Fale *à moça.* / Fale *ao rapaz.*

Essas medidas proporcionarão *à população / ao povo* melhores condições.

Subiram *à primeira plataforma / ao primeiro piso* e foram diretamente *à sala / ao gabinete* do diretor.

Favor anexar *à folha 4 / ao volume II* as informações suplementares.

Nota

Este artifício não funciona com as locuções adverbiais, que veremos a seguir.

10. Locuções adverbiais de circunstância

As expressões ou locuções adverbiais de circunstância – modo, meio, lugar, tempo – são formadas pela sequência *preposição a + substantivo* ou *adjetivo*. Ou seja, elas *começam* com a preposição ou crase. A maioria delas tem a ver com o modo, respondendo à pergunta "como?". Por exemplo: "Comprou o carro à vista." Comprou como? *À vista.*

Nas locuções adverbiais masculinas, como *a cavalo, a caminho, a capricho, a caráter, a frio, a gás, a gosto, a lápis, a meio mastro, a nado, a óleo, a pé, a postos, a prazo, a sangue-frio, a sério, a tiracolo, a vapor* etc., não se usa a crase. Dada a premissa de que a crase é a fusão da prep. *a* com o artigo *a,* determinante de substantivo feminino, quando o substantivo masculino é precedido por *a* nem há que se considerar o uso do acento.

Nas locuções circunstanciais femininas, contudo, embora esse *a* possa ser só preposição, é de tradição acentuá-lo por motivo de clareza. Compare nos exemplos abaixo o significado da frase sem o acento indicativo de crase e com ele:

Vendeu a vista. (vendeu os olhos) → **Vendeu à vista.**

Cheirava a gasolina. → **Cheirava à gasolina.** (tinha o cheiro de)

Cortou a faca. (cortou a própria faca) → **Cortou à faca.** (com faca)

Coloquei a venda. (faixa nos olhos) → **Sim, coloquei à venda.**

É para receber a bala. → **É para receber à bala.** (com bala)

Pagou a prestação. → **Pagou à prestação.** (em prestações)

Tranquei a chave. (a chave foi trancada) → **Tranquei à chave.**

Outras frases com diferenças bastante óbvias:

Veio a tarde. **Veio à tarde.**

Fotografei a noite. **Fotografei à noite.**

Bater a porta. **Bater à** (na) **porta.**

Limpar a mão. **Limpar à mão.**

Lavar a máquina. **Lavar à máquina.**

Fazer a tinta. **Fazer à tinta.**

Combateremos a sombra. **Combateremos à sombra.**

Aguardavam a cabeceira. **Aguardavam à cabeceira.**

É por essa questão de clareza que se recomenda e geralmente se acentua o *a* nas locuções femininas de circunstância, para que a preposição não seja confundida com o artigo feminino. Nestes casos, não funciona o artifício de ver como é que se comporta uma expressão similar no masculino, pois não haverá correspondência de *à* com *ao*. Trata-se de uma exceção. Então, para dar um exemplo, mesmo que se escreva *a prazo* (subst. masc.), escreve-se *à vista*, com acento.

Modo e meio

Exemplos de locuções em que o acento indicativo de crase é de praxe:

à espreita

à evidência

à farta

à unanimidade

amor *à primeira vista*

andar *à solta*

apanhar (flores) *à mão*

assalto *à mão armada*

cortar *à faca* ou *à gilete*

cumprir o trato *à risca*

encontra-se *à paisana*

escreve *à perfeição*

escrever *à caneta*

estamos *à disposição*

falar *à boca pequena* [em voz baixa]

ficar *à vontade*

modéstia *à parte*

navegar *à vela*

provou o caso *à saciedade* [plenamente]

tomar uma injeção *à força*

viver *à toa*

É facultativo (e pouco usado) o acento indicativo de crase quando não há confusão possível:

barco a *vela*

carro *a gasolina*

guardar o dinheiro *a chave*

matou o cachorro *a bala*

É obrigatório o acento quando a locução é formada com adjetivo – singular ou plural:

bife *à milanesa*

lasanha *à bolonhesa*

agir *à louca*

comer *às escondidas*

falar *às claras*

ficar *às escuras*

pregar a revolução *às abertas* [abertamente]

viver *às tontas*

Também levam acento obrigatório as locuções femininas terminadas em *de* (adverbiais) e em *que* (conjuntivas):

à custa de

à força de

à frente de

à mercê de

à semelhança de

à testa de

à medida que

à proporção que

Tempo e lugar

É obrigatório o acento nas locuções circunstanciais femininas de tempo e lugar em que de fato se tem *a* + *a*, o que se comprova com a substituição do primeiro *a* por outra preposição:

à época = na época

à frente = na frente

à direita

à esquerda

à beira do caminho = na beira

à sombra = na sombra

à porta

à beira-mar

Acentua-se todo tipo de locução adverbial feminina quando o substantivo está no plural e o artigo também:

às avessas

às centenas

às mil maravilhas

às ordens

às pressas

às vezes

ATENÇÃO

Jamais acentuar o *a* (sem *s*) diante de plural: *a duras penas, a altas horas, a dentadas, a expensas, a portas fechadas, a prestações, a várias vozes* etc. Nesse caso o *a* só pode ser uma preposição; o artigo, se ali ocorresse, seria *as*, já que o substantivo está no plural. Isso quer dizer que, na locução adverbial, ou se usa o *a* craseado (*às* expensas, por exemplo) ou a mera preposição (*a* expensas).

A/à distância

Considera-se facultativa a crase na locução adverbial "a distância". É preferível usar o acento porque a ausência dele pode deixar o texto ambíguo. Em "ensinar/estudar a distância", por exemplo, tem-se com a impressão de que é a distância que está sendo ensinada ou estudada. É o mesmo caso de *viu a distância, escreveu a distância, curou a distância, fotografe a distância, permanece a distância* [= a distância permanece], entre outras, que ficam melhor quando craseadas:

Viu à distância o que lhe pareceu uma lebre correndo.

Tantas cartas ela *escreveu à distância* e perto!

Conheço várias pessoas que *curam à distância.*

São animais perigosos – só é permitido *fotografar à distância.*

Solicita-se *permanecer à distância.*

Em 1997 o *curso à distância* já contava com 160 mil alunos.

Reviu seus estudos a respeito da estratégia *tele* ("à distância") de lidar com os saberes tácitos.

Com a distância determinada, especificada, o *a* deve ser obrigatoriamente acentuado:

Fotografe **à** distância de um metro.

Cientistas esperam medir 60 mil galáxias **à** distância de nove bilhões de anos-luz.

Ficou **à** distância de uns 10 km.

Já na frase "Compramos uma chácara *a grande distância* daqui" não há crase porque está subentendido o artigo indefinido: a (uma) grande distância.

11. Aquele, aquela, aquilo

A crase também ocorre com os pronomes demonstrativos *aquele(s), aquela(s)* e *aquilo.* Isso acontece quando a expressão anterior é acompanhada da preposição *a,* que se contrai com o *a* inicial desses pronomes. Pronuncia-se um a só. Na escrita, também fica somente um *a,* mas com acento grave:

Refiro-me *a aquele* homem. → Refiro-me **àquele** homem.

Refiro-me *a aquela* mulher. → Refiro-me **àquela** mulher.

Não me refiro *a aquilo.* → Não me refiro **àquilo.**

Quando se analisa a mesma frase com o uso dos demais pronomes demonstrativos, constata-se então que a crase é impossível, pois eles não começam pela vogal *a*: "Não me refiro *a isso,* refiro-me *a esta/essa* questão, não me refiro *a esse/este* tema."

Muitas pessoas estranham o acento numa palavra masculina como "aquele". Vale lembrar que a crase implica duas vogais idênticas, portanto o que conta é a fusão do *a* preposição com a letra *a* que dá início ao pronome.

Exemplos, com destaque para as palavras que exigem a prep. *a*:

> *Prefiro* esta proposta **àquela**. [prefiro esta proposta **a** aquela]
>
> Comprei um vaso *semelhante* **àquele** que recebi de presente em 1990. [semelhante **a** aquele]
>
> Todas as minhas taças são *iguais* **àquelas** que vovó tinha. [iguais **a** aquelas]
>
> Cumpre seu papel com *respeito* absoluto **àquilo** que de melhor lhe foi transmitido por seus pais. [respeito **a** aquilo]
>
> Ganhei uma toalha *idêntica* **àquela** que me deste no Natal.
>
> O plano é um *desafio* **àquelas** convenções estabelecidas no acordo.
>
> Os recursos serão *destinados* somente **àqueles** empresários em dia com o IR.
>
> *Dirigiu-se* **àquela** moça que vimos ontem no noticiário.
>
> Todos os diretores devem ficar cientes. *Comunique* o fato primeiro **àquele** que você considera mais influente.
>
> O auxílio-acidente será devido a partir do dia seguinte ao da cessação do auxílio-doença, quando este benefício *anteceder* **àquele** (Lei 8.213/91).
>
> *Agradeço* a meus pais e **àqueles** que sempre confiaram em mim.
>
> Sabes a quem vou *escrever*? **Àquele** amigo de infância que se mudou para São Paulo quando estávamos na 6ª série.

Também devemos mencionar o pronome demonstrativo "a(s)", que equivale a "aquela(s)" e é usado como pronome substantivo (isto é, ele está no lugar do substantivo), como nestes exemplos:

> Havia duas portas; ele se referiu **à** da esquerda. = Referiu-se àquela [porta] da esquerda.
>
> Queria ir às regiões mais extremas, mas só foi **às** litorâneas.

Entusiasmado com a proximidade das atrizes, dirigiu-se **à** que vimos ontem no noticiário.

A capitania de Minas Gerais estava unida **à** de São Paulo.

Vamos visitar as escolas e distribuir prêmios **às** que mais se destacarem.

12. Qual e que

É possível a ocorrência da crase com os pronomes relativos *que* e *a qual* (ou o plural *as quais*). Trata-se de uso pouco comum, pelo fato de se encontrar na redação de frases mais formais e elaboradas.

Escreve-se *à qual* para marcar a contração da preposição *a* com *a qual*. Vejamos um exemplo:

Não entendi a questão **à qual** ele se referiu. → Não entendi a questão **a a qual** ele se referiu.

O primeiro *a* é a preposição exigida pelo verbo *referir-se*, deslocada para a frente do pronome relativo. Se trocarmos *questão* por *ponto*, que é substantivo masculino, teremos: "Não entendi o ponto *ao qual* ele se referiu."

Então, para melhor detectar quando é que se emprega *à qual* e *às quais*, mais fácil é fazer um paralelo com a mesma frase, na qual se substitui o termo regido feminino por um masculino:

A seleção será feita pela *subsede* **à qual** o grupo pertença.

A seleção será feita pelo *instituto* **ao qual** o grupo pertença.

Foi uma *cerimônia* ecumênica, **à qual** compareceram mais de 600 fiéis.

Foi um *ato* ecumênico, **ao qual** compareceram mais de 600 fiéis.

Tem duas *crianças*, **às quais** devota o maior cuidado.

Tem dois *meninos*, **aos quais** devota o maior cuidado.

A *classe* média – **à qual** pertencemos – tem apoiado as mudanças.

O *grupo* majoritário – **ao qual** pertencemos – tem apoiado as mudanças.

Com relação ao *que*, na verdade a crase ocorre não pelo pronome, mas por causa de um substantivo feminino aí subentendido, que está oculto justamente porque se pretende evitar sua repetição:

> Disse que tinha amor à *vida*, "**à** (vida) **que** tinha antes do acidente", frisou com pessimismo.
>
> Espero que você compre uma *peça* idêntica **à que** você quebrou.
>
> Ganhou uma *moto* igual **à que** havia comprado um mês antes.

13. Quando não usar a crase

Conhecer os casos em que empregamos o acento indicativo de crase nos permite inferir aqueles em ele não é usado. Como a crase ocorre apenas diante de substantivo feminino determinado pelo artigo, é evidente que ela *não pode* ocorrer antes de:

- palavra *masculina* – Fazemos a entrega **a domicílio**, desde que **a pedido** do cliente.
- *verbos* – Tenho um assunto **a tratar** com você.
- *pronomes* em geral – Vai dirigir-se **a toda** a família **a esta** hora.
- palavras de *sentido indefinido* – Apresentou-se **a uma** idosa, mas não falou **a nenhuma** das moças. Não chegou **a** conclusão **alguma** (compare: Chegou **à** conclusão de que não valia a pena sair).

Outros casos em que *não* ocorre a crase merecem destaque:

- Nas locuções formadas por substantivos repetidos

> É para deixar o óleo cair **gota a gota**.
>
> Os pseudoadversários se encontraram **frente a frente**, afinal.
>
> Andou de **cidade a cidade** vendendo seu "peixe".

- Diante de expressões de tratamento, exceto *senhora* e *senhorita* (substantivos que admitem o artigo)

> Solicitamos **a Vossa Excelência** permissão para sair.

Dedicarei minha vida **a você.**

O cardeal informou **a Sua Santidade** que grande multidão o esperava na praça.

Mas:

Disse formalmente: "Quero unir-me **à senhorita** em matrimônio."

D. Dalva e D. Inês, informo **às senhoras** que o jantar está servido.

- Na expressão *a casa*, quando significa o próprio lar

Voltou **a casa** depois da meia-noite.

Chegavam **a casa** exaustos de tanto trabalhar.

Observe a ausência de artigo: saí **de** casa, estou **em** casa, passei lá **por** casa. Com os verbos voltar e chegar temos os exemplos clássicos: *voltamos a casa* e *chegamos a casa* (todavia, as formas consagradas na fala dos brasileiros são: *voltamos para casa* e *chegamos em casa*).

Mas:

Jamais voltei *à casa onde nasci*. [*A casa* onde nasci é linda]

Fez sua visita semanal *à Casa de Misericórdia*. [*A Casa* de Misericórdia fica longe.]

Dirigiu-se *à casa do primo Ernesto* sem ter o endereço completo. [visitou *a casa* do primo...]

- Na expressão *a terra* quando significa *terra firme*, em oposição a mar, bordo

Tão logo o navio atracou, a maioria dos passageiros desceu **a terra.**

Os marinheiros sempre iam **a terra** para visitar a cidade.

Compare a ausência de artigo: Viajou *por* terra.

Mas:

Segui em peregrinação *à terra* do Senhor.

Há catorze anos afastado do país, o cientista volta *à terra* para mostrar seu trabalho. [terra natal, país de origem]

Disparavam mísseis que caíam de volta *à Terra*. [planeta, mundo, daí com inicial maiúscula]

Generalidades

Vejamos agora especificamente o caso do *não* uso da crase diante de substantivos femininos quando se empregam em sentido geral e indeterminado.

Como a crase só tem cabimento diante de palavras femininas determinadas pelo artigo definido *a* ou *as*, não se pode crasear o substantivo que tenha junto de si uma palavra indefinida como *alguma, nenhuma, qualquer*, esteja explícita ou implícita. Quando ela consta claramente do enunciado, é fácil saber que não se coloca a crase; o mais difícil e que exige reflexão é a situação em que a generalidade não se denuncia por meio de uma palavra indefinida formalmente expressa.

Às vezes – principalmente quando o contexto deixa margem a dúvidas – é preciso tirar a prova imaginando uma palavra como *uma, alguma, nenhuma, certa, qualquer* entre o *a* e o substantivo. Se ela pode ser usada, significa que o *a* que ali se encontra é apenas uma preposição, e portanto não pode ser craseado. O exercício mental é o seguinte:

Estão sujeitos **a** [certa] doença. Logo → sujeitos **a** doença

Ele responde **a** [uma] ação penal no TRE.

Descumprimento de ordem judicial pode levá-lo **a** [alguma] condenação.

Crédito sujeito **a** [qualquer] aprovação.

Bastaria, no entanto, que a *aprovação* (para tomar como exemplo a última frase) viesse determinada para que a crase fosse usada: Crédito sujeito ***à*** *aprovação da diretoria*. Da mesma forma:

Programa sujeito a confirmação.

Planos sujeitos a alteração.

Decisão submetida a votação.

Cardeal submetido a cirurgia do coração.

Uma vez que o substantivo em questão esteja acompanhado de uma especificação que o distinga do que é geral, a crase se faz necessária:

> Programa sujeito ***à*** *confirmação estabelecida na Portaria n° 020/13.*
>
> Planos sujeitos ***à*** *alteração proposta anteriormente pela minoria.*
>
> Decisão submetida ***à*** *votação do plenário.*
>
> O Cardeal será submetido hoje ***à*** *cirurgia do coração prevista para ontem.*

Nas manchetes de jornais aparecem muito as frases sem tal crase, pois na chamada da notícia o substantivo em foco ainda não foi determinado. É o caso específico da manchete *Bomba explode em frente a escola*. Qual escola? Ainda não se sabe. Somente no texto que se segue é explicitado: "Uma bomba feriu ontem quatro policiais que trabalhavam em frente *à escola Colombina*, localizada no condado Tal."

Vejamos outras frases em que se subentende uma palavra indefinida diante de um substantivo que à primeira vista parece deva ser craseado:

> TRF antecipará pagamento **a credora** do INSS que sofra de doença grave. [qualquer credora que sofra de doença grave]
>
> Aposentou-se para dar lugar **a gente** nova [= a pessoas novas]
>
> A hidrolipoaspiração permite a retirada de gordura sem necessidade de o paciente ser submetido **a** transfusão de sangue. [= a uma transfusão de sangue]
>
> A sociedade sabe que a tapeação é generalizada e que isso não levará **a** boa coisa. [= a nenhuma boa coisa]

Muitas vezes a ideia de generalidade é dada pelo mero uso do plural:

> É um homem pouco afeito **a cortesias**.
>
> No relatório foi esquecido o item "subvenção **a instituições** culturais".
>
> TRF antecipará pagamento **a credoras** do INSS que sofram de doença grave.

Assista **a estreias** do jeito que uma estreia deve ser assistida.

As declarações foram apresentadas fora de contexto, servindo **a conclusões** preconcebidas.

14. À outra, de uma a outra

Com o pronome indefinido *outra(s)* existe a possibilidade de ocorrer a crase. Depende da determinação do substantivo que o pronome *outra* acompanha, esteja esse substantivo implícito ou aparente na frase (uso adjetivo).

Quando se fala genericamente "de outra" entre diversas, não há crase:

Vive **de uma** bodega **a outra**. [são várias bodegas]

Andou **de uma a outra** cidade como se nada fosse.

Entretanto, quando se trata "da outra", que se coloca em contraposição a uma primeira – explicitada no texto ou não –, há crase, até porque a palavra subentendida ou explícita é um substantivo feminino:

Foi católico e protestante. Passou de uma religião [a católica] **à outra** [a protestante] em pouco tempo.

Isso significa que finalmente as duas mulheres começaram a se dirigir uma **à outra** [mulher] do mesmo modo que às demais.

O produto só era vendido em duas butiques. Na primeira custava R$ 520,00, mas fui **à outra** [butique] e o encontrei por menor preço.

Meninas, vou contar **às outras** a novidade!

Ela afinal se dirigiu **às outras** lojas.

PARTE 3

PALAVRAS COMPOSTAS

I – SUBSTANTIVOS COMPOSTOS

Substantivos são palavras que designam ou nomeiam os seres em geral, sendo, via de regra, determinados por um artigo (**um** boi, **o** cão-guia, **as** férias).

Substantivos compostos são aqueles formados por mais de um radical, unidos ou não por hífen, *como passatempo, pé de moleque, curto-circuito, porta-copos, pai-nosso, segunda-feira, primeira-ministra, abaixo-assinado*. Em outras palavras, os substantivos compostos são formados pelo arranjo, em uma só palavra, de substantivos, adjetivos, verbos, pronomes, numerais, advérbios e preposições.

Utilizando-nos de vocábulos já conhecidos, formamos palavras compostas para expressar um novo conceito. Essa união de duas ou mais palavras formando um todo com significação própria configura uma nova unidade semântica (significativa).

Como nesse jogo criativo lança-se mão de tantas classes de palavras, estabeleceu-se aqui a divisão dos substantivos compostos em quatro partes:

- aqueles formados por dois substantivos
- composições em que entra um adjetivo
- composições com formas verbais
- substantivos formados por locuções.

1. Substantivo + substantivo

Grande parte dos substantivos compostos é formada por dois substantivos unidos por hífen ou com o auxílio de uma preposição. Tomam-se dois substantivos para formar uma palavra nova. Em resumo: sentido 1 + sentido 2 = sentido 3 (palavra composta).

Antes do Acordo Ortográfico, sempre que houvesse fusão semântica deveria haver fusão gráfica: ou se juntavam os radicais, como em *girassol, mandachuva, vaivém,* ou se usava o hífen, mesmo que houvesse uma partícula de ligação, como por exemplo em vai-e-vem, que passa a ser grafado sem hífen: *vai e vem* (alternativa para *vaivém*). O contexto é que vai esclarecer se se trata de uma frase ou de um substantivo composto.

Vejamos outros casos:

> Sua licença é um prêmio por tantos anos de trabalho: enfim, requereu a **licença-prêmio**.

O substantivo composto indica um sentido próprio: licença que é ao mesmo tempo um prêmio. Pode-se também pensar no hífen como substituto para a preposição implícita: licença **por** prêmio, **licença-paternidade** (licença por paternidade); **licença--maternidade** (licença para/pela maternidade); **auxílio-acidente** (auxílio por [causa de] acidente); **auxílio-funeral** (auxílio para funeral); **auxílio-desemprego** (auxílio pelo desemprego/para o caso de desemprego); **salário-família** (salário para a família).

> Com a neve, a procura por **hotéis-fazenda** em São Joaquim aumentou.
> (A ideia é de um ambiente que reúne hotel e fazenda.)
>
> No **filme-poema** Outras Estórias, Guimarães Rosa é revisto por Pedro Bial.
> (Aqui se tem um filme que é também um poema.)
>
> Tantos os convites quantos os ingressos para a estreia estão esgotados, mas João conseguiu um **convite-ingresso** para a apresentação do dia seguinte.
> (Fez-se o composto para registrar que João ganhou um convite que serve de ingresso ao mesmo tempo.)

OUTROS EXEMPLOS:

> Passamos por Lyme Regis, uma cidadezinha à **beira-mar**.
>
> Os **democratas-cristãos** cresceram, ganharam catorze novos deputados.
>
> Os alfabetizadores são voluntários que recebem uma **bolsa--auxílio** de R$ 480,00 por mês.
>
> O **texto-resumo** apresentado pelo candidato não foi levado em consideração pela banca.
>
> Elaborou várias **questões-sínteses** para seu próprio estudo.
>
> O eficiente mecânico utilizou apenas um **pino-trava**.
>
> A **palavra-chave** é atitude!

Depois dos submarinos, a força naval abriu concorrência para a compra de cinco **navios-patrulha.**

Dizem os estilistas que a **meia-calça** vai virar vedete nos dias mais frios.

2. Substantivo + adjetivo

Na formação deste tipo de substantivo composto, o adjetivo pode entrar como o primeiro ou como o segundo elemento. Em qualquer caso, o adjetivo perde seu sentido literal. Quando um substantivo e um adjetivo estão unidos por hífen quer dizer que eles estão formando um nova unidade semântica, ou seja, uma única palavra com um significado diferente das partes. Por exemplo, um *cachorro quente* é um cão encalorado ou com temperatura alta, enquanto **cachorro-quente** passa a designar um tipo de comida. Vamos explicar outros casos:

Comprei uma **mesa redonda** para a sala.

Discutiram o assunto em **mesa-redonda** formada por diretores de departamento e chefes graduados.

No primeiro, trata-se de uma mesa cuja forma é redonda. No segundo, a mesa-redonda não é nem mesa nem redonda; é uma reunião de pessoas para discutir, em pé de igualdade, determinado assunto. Nada tem a ver com a primeira mesa, apesar da óbvia ligação de origem. O que importa é que mesa-redonda é um novo vocábulo na sua formação, adicionado ao léxico português com a finalidade de transmitir uma nova ideia.

João e Maria representam o casal ideal, o **amor perfeito.**

Aprecio dois tipos de flor: cravo e **amor-perfeito.**

A palavra *perfeito*, no primeiro caso, apenas qualifica o amor. Unida a este substantivo pelo hífen, passa a designar um tipo de flor.

Discursando em 1° de janeiro, o presidente assinalou suas três preocupações no **ano novo**: a inflação, o pacto social e a reforma agrária.

Não foram trabalhar por causa do feriado de **Ano-Novo.**

Na primeira frase não usamos hífen porque nos referimos ao ano que está iniciando. Na segunda, somente à passagem de ano. Assim, eu posso lhe desejar um feliz Ano Novo (que o ano inteiro seja bom) ou um feliz Ano-Novo com sua família (que se divirtam na festa de *revéillon*).

Aquele catarinense, também chamado **barriga-verde**, está com a **barriga verde** e o rosto vermelho e roxo, pronto para o carnaval.

Barriga verde é uma barriga que se mostra verde, seja por pintura, seja pela colocação de um pano verde. Com hífen, é uma denominação dada àquele que nasce ou vive em Santa Catarina.

Apalpou o corpo e sentiu-lhe o sangue frio – o homicídio fora cometido a **sangue-frio** muitas horas antes.

Sangue frio é hifenizado quando passa a significar "impassibilidade, calma".

O Museu de **Belas-Artes** reúne obras magníficas de brasileiros e estrangeiros.

Ao conjunto de artes plásticas, principalmente pintura, escultura, desenho e arquitetura, dá-se o nome de belas-artes, assim com se denomina de **belas-letras** os conhecimentos ou as manifestações culturais intermediadas pela palavra: poesia, literatura, eloquência, arte dramática.

Agiu de **má-fé**.

Em *má-fé* aparecem duas palavras juntas com um o sentido único de "perfídia, intenção dolosa". Veja que não é a fé que é má, assim como não seria uma fé que é boa mas sim sinceridade, lisura, isto é, **boa-fé**.

A **onça-pintada** é o maior felino das Américas.

Sem hífen, seria uma onça qualquer pintada num quadro. A propósito, todos os nomes compostos da fauna e flora são hifenizados (ver p. 98).

OUTROS EXEMPLOS: algodão-doce, alto-mar, arroz-doce, arte-final, boa-noite (a flor e o cumprimento – v. p. 91), boas-festas (cumprimentos), boia-fria, caixa-preta, dedo-duro, ferro-velho (sucata), franco-atirador, mão-boba, maus-tratos, pão-duro.

Bom e meio

Abordamos, a seguir, dois casos específicos: *bom*, como mero adjetivo a designar uma qualidade positiva, não se liga ao substantivo com hífen (bom coração / gênio bom / boa refeição) a não ser que seja substantivado, o que tem levado a dúvidas em relação a *bom senso* e a *bom dia*.

E a palavra *meio*, além de substantivo (o meio da sala), numeral (meio quilo) e advérbio (ela está meio confusa), também exerce a função de adjetivo (meio expediente), e como tal pode formar um substantivo composto, como veremos.

Bom humor, mau humor

> Ri com alegria adolescente, fala com **bom humor** e inteligência.

Bom humor é humor bom. Não há necessidade de hífen. Mas em bem-humorado e mal-humorado, sim. Veremos isso no item - Bem e mal, p. 131.

Bom dia

> **Bom dia**, professora.
>
> **Boa tarde** a todos.
>
> **Boa noite**!

Quando se cumprimenta alguém, a grafia é sem hífen porque aí não se tem uma unidade semântica, mas sim um substantivo (dia, tarde, noite) adjetivado. É a mesma condição de uso das seguintes frases e expressões: *Boa sorte! Bom almoço! Que você faça uma boa prova. Desejo-lhe um feliz aniversário! Bela moça! Que lindo dia! Que dia lindo! Espero que vocês tenham uma boa noite* (ou seja, uma noite boa – notar que em todos estes casos a inversão da ordem é possível).

Usa-se excepcionalmente o hífen quando se forma com os dois vocábulos um só: um substantivo masculino significando "um cumprimento", geralmente precedido pelo artigo indefinido:

> Gostaria de desejar-lhes **um bom-dia** antes de me retirar.

Deu-nos **um boa-noite** com muito carinho.

Abraçou-me com um grande sorriso de **boa-tarde**.

Bom senso

Para administrar uma casa ou um país, é preciso **bom senso**.

Continua a divergência. Embora o VOLP 2009 traga *bom-senso*, os dicionários não registram a grafia com hífen, que aliás não faz falta – a ver locução semelhante: *senso comum*.

Meio ambiente

Lançaremos uma campanha nacional de preservação do **meio ambiente**.

Na designação do conjunto de fatores físicos, biológicos e químicos que cerca os seres vivos, influenciando-os e sendo influenciado por eles, não se utiliza hífen porque *meio ambiente* não configura palavra composta. A formação aqui é de substantivo (meio) adjetivado por expressão de reforço. Por um processo de derivação imprópria, o vocábulo *ambiente* pode ser também adjetivo, como acontece em *temperatura ambiente* e *poluição ambiente*.

Meio

Como adjetivo, *meio* forma substantivos compostos à maneira dos demais. Isto é, liga-se com hífen a um substantivo quando gera um novo termo. Essa diferença é mais difícil de perceber no caso de *meio*, uma vez que este adjetivo mantém seu significado de "metade". Por exemplo, a meia-entrada para o cinema ou espetáculo aparentemente não deveria ser escrita com hífen, pois tem o sentido exato de metade de uma [entrada] *inteira*. Mas como passa a significar o ingresso, os dicionários hifenizaram a palavra. Já no caso de **meio-dia** a necessidade do hífen salta à vista: *meio dia* é a metade de um dia; *meio-dia* é a hora, as 12 h.

Outros exemplos: meio-irmão, meia-estação (o outono ou a primavera), meio-tom (murmúrio; semitom), de meia-tigela, em meio-corpo, peso meio-pesado, meio-norte (subdivisão geográfica em desuso no Brasil mas dicionarizada), meio-oeste.

3. Verbo + substantivo

Existem substantivos compostos que têm formas verbais em sua composição. Em geral se formam pelo arranjo de um verbo mais um substantivo:

> Custou caro repor o **para-brisa** do BMW.
>
> Presenciamos um **bate-boca** na entrada do condomínio.
>
> Vamos nos reunir para um **bate-papo** depois das seis da tarde.
>
> A **porta-estandarte** vibrou quando lhe anunciaram o prêmio.
>
> Não cabe mais uma agulha no **porta-bagagem**.
>
> A menina ganhou um **porta-joias** de plástico.
>
> Não ficou um só marujo a bordo do **porta-aviões**.

OUTROS EXEMPLOS: porta-cartões, porta-chapéus, porta-chaves, porta-cigarros, porta-gelo, porta-marmita, porta-moeda(s), porta-toalha(s), monta-cargas, marca-passo, bota-fora, tira-teima.

EXCEÇÃO

> Quase desmaiou na primeira vez que saltou de **paraquedas**.

Nos compostos em que o primeiro elemento é uma forma verbal, o hífen é de regra, salvo naqueles em que não se tem mais a noção de composição, como *madressilva, girassol, pontapé*. No Acordo Ortográfico a palavra *paraquedas* (e por consequência *paraquedismo* e *paraquedista*) foi incluída entre as exceções, mas não *para-choque, para-sol* e outras com o verbo parar, que apenas perderam o acento agudo. Tampouco o foram **vaga-lume** e **pica-pau**, embora já circulem em textos não científicos como *vagalume* e *picapau*.

4. Locuções

Chama-se locução a reunião de palavras com um sentido único, equivalendo a uma só palavra. Vamos verificar primeiramente as locuções e conjuntos de palavras que são substantivados, como *o dia a dia*, e depois os sintagmas constituídos de dois substantivos unidos por preposição que formam nova unidade semântica, isto é, que têm novo significado, geralmente um sentido figurado.

Pela regra anterior a 2009, era o hífen que marcava graficamente essa mudança: uma *colher de chá* é um utensílio doméstico; uma *colher-de-chá* seria uma ajuda, uma facilitação. Mas isso mudou: a regra agora é não usar o hífen. O contexto é que irá dar a noção exata do significado atribuído à locução ou sintagma. Há poucas exceções.

Conforme o Acordo Ortográfico, não se emprega o hífen nas palavras compostas por justaposição que contêm formas de ligação e cujos elementos – de natureza nominal, adjetival, numeral ou verbal – constituem uma unidade sintagmática e semântica.

Embora faça falta em alguns casos (e por isso as exceções), essa regra veio facilitar a vida de quem escreve e de quem ensina, ficando agora claro o não uso do hífen em algumas locuções que causavam dúvida e por isso algumas vezes eram hifenizadas:

> Sempre incluo **café com leite** e frutas no **café da manhã**.
>
> Seu **ponto de vista** é diferente do meu.
>
> Suas crianças começaram a frequentar o **jardim de infância** aos três anos.
>
> Considera-se ótima **dona de casa**.
>
> O **fim de semana** em Angra foi excepcional.

Locuções substantivadas

Já não se faz a distinção gráfica entre a locução adverbial (cadeia de palavras com valor de advérbio a exprimir uma circunstância) e a locução substantiva:

> A fofoca foi divulgada boca a boca./ Além desse **boca a boca**, a ideia foi disseminada através da escola.
>
> Os preços sobem dia a dia./ O seu **dia a dia**, como brasileiro, é bastante puxado.
>
> Os dois tigres lutaram corpo a corpo./ O **corpo a corpo** dos candidatos à presidência será travado pela TV.
>
> A moda **ponto a ponto** é o que oferecemos a você.

Também não se hifeniza o conjunto de *três* ou mais palavras de qualquer classe gramatical com o valor de um substantivo:

Na cirurgia plástica, o limite do **estica e puxa** é o bom senso.

Deus nos acuda! gritou o zelador ao ver o fogo. Com todo mundo querendo sair do prédio ao mesmo tempo, foi o maior **deus nos acuda**.

Brincadeiras de **faz de conta**, com fantoches e fantasias, são comuns na creche.

O banco oferece tranquilidade para seu dinheiro no **sobe e desce da maré**.

Ela é uma típica **maria vai com as outras**.

A exposição apresenta fotos em sépia e em **preto e branco**.

Como repórter, presenciou o **salve-se quem puder** no Haiti depois do terremoto.

Todavia, mantém-se o hífen no sintagma ou locução de *duas* palavras que venha a ser substantivado:

Que *conversa fiada*! Naldir é gabola, um **conversa-fiada**.

Nós, *abaixo assinados*, queremos... Assim começou o **abaixo-assinado** pedindo sua demissão.

Muito obrigado, finaliza o orador. E enfatiza: Recebam todos o nosso **muito-obrigado**.

Cumprimentou os servidores com um **boa-noite** e saiu. Eles responderam dizendo: *Boa noite*, chefe!

Vamos rezar um **pai-nosso** pela salvação das almas: *"Pai nosso* que estais no céu..."

Substantivos compostos intermediados por preposição

Não são hifenizados:

Ela se sente indisposta do nascer ao **pôr do sol**.

Seus olhos **cor de mel** são admirados.

Não dá para vestir a globalização como uma **camisa de força**.

Depois do impiedoso **chá de cadeira** que levei à espera do Luís, tive de tomar um chá de boldo.

O dono da boate contratou mais um **leão de chácara**.

Sentiu dor de cabeça quando viu Luísa com outro, além da **dor de cotovelo**...

A falta de **mão de obra** na indústria, provocada pela mobilização dos homens para a II Guerra Mundial, obrigou à convocação da força de trabalho feminina.

A apresentação do **boi de mamão** em frente à catedral foi muito aplaudida.

O regente resolveu o problema da sonoridade das cordas – tradicional **calcanhar de aquiles** das orquestras brasileiras – com disciplina e inspiração.

Observar que os nomes próprios que entram na composição de substantivos comuns são grafados com inicial minúscula.

Neusa foi vítima de outro **conto do vigário**.

Para acompanhar a cintura mais baixa, surge a calça **boca de sino**, que alarga com generosidade a parte final das pernas.

Com um enredo **água com açúcar**, a novela atrai as mulheres românticas.

Fiz um gostoso doce de coco para você, que é meu **doce de coco**.

O terrível e incômodo **bico de papagaio** é o nome popular de uma ossificação chamada osteófito.

Ousadia e **cara de pau** são requisitos indispensáveis para quem entra nesse ramo de atividade.

Será feito um sorteio para ver quem fica com a **cabeça de chapa**.

A **lua de mel** parecia um **conto de fadas**.

Diariamente uma equipe é designada para desobstruir as quatro mil **bocas de lobo** do município.

O **pão de ló** queimou na beirada, mesmo assim o enfeitei com **fios de ovos**.

Só não me casei com João porque ele era um **pé de chinelo**.

E ali, com um **pé de cabra**, um funcionário desprendeu da parede o rodapé.

OUTROS EXEMPLOS: água de coco, ajudante de ordens, amigo da onça, baba de moça, bico de pena, bumba meu boi, cabeça de casal, camisa de vênus, capitão de corveta, capitão de fragata, capitão de mar e guerra, chá de panela, fora da lei (o marginal), leite de onça, língua de sogra, mestre de cerimônias, mestre de obras, mula sem cabeça, pai de santo, papo de anjo, pé de vento, rosa dos ventos, testa de ferro.

EXCEÇÕES

O Acordo Ortográfico consigna apenas sete locuções hifenizadas:

> Gosta de perfumar-se com **água-de-colônia**.
>
> O município de Chapada está **ao deus-dará** em termos de segurança pública.
>
> Disse a testemunha que Tião recebeu o tiro **à queima-roupa**.
>
> Usei um guarda-sol do **arco-da-velha** quando estava em alto-mar.
>
> **Cor-de-rosa** é minha cor preferida.
>
> Amara e vendera são formas verbais do **mais-que-perfeito**.
>
> Para fazer um **pé-de-meia**, está trabalhando até de madrugada.

O que está acontecendo é uma volta às aspas para chamar a atenção de que determinado composto tem significado especial ou sentido figurado quando o contexto frasal não permite essa distinção. Que não seja assim! É melhor considerá-lo uma das exceções e hifenizar. Quem elaborou o Acordo não deve ter pensado no vocabulário da moda feminina. Ou nas manchetes e títulos (como *Toma-lá-dá-cá*). Ou nos compostos com nomes de animais, ou aqueles com o substantivo "pé" (não só o *pé de meia* desperta dúvida). Sendo assim, em vez de:

> Tomara que caia em alto estilo
>
> Com maxibrincos, somente rabo de cavalo
>
> Vendo quarto e sala [sem hífen, pode se tratar de dois ambientes vendidos separadamente]

Será mero faz de conta.

O menino tem pé de atleta.

Minha sugestão é que se escreva com hífen quando necessário ou importante para maior rapidez e clareza da comunicação:

Tomara-que-caia em alto estilo!

Com maxibrincos, somente rabo-de-cavalo

Vendo quarto-e-sala [aqui é o pequeno apê com banheiro]

Ou você aceita, ou será a decisão da Justiça mero faz-de-conta.

O menino tem pé-de-atleta. [infecção da pele]

Fauna e flora

Segundo o Acordo Ortográfico, os nomes compostos de animais e plantas são sempre escritos com hífen, mesmo que tenham partículas de ligação.

Vida animal

A **onça-pintada** é o maior felino das Américas.

Apreciamos sua criação de **bicho-da-seda**.

As **araras-azuis** apenas formam família depois dos 8 ou 9 anos de idade.

OUTROS EXEMPLOS: arara-amarela, baleia-franca, beija-flor, bem-te-vi, cobra-coral, coruja-listrada, faisão-real, gralha-azul, jacaré-do-papo-amarelo, joão-de-barro, mico-leão-dourado, papagaio-de-peito-roxo, peixe-boi, porco-da-índia, tamanduá-mirim, tigre-de-bengala.

Vida vegetal

A **dama-da-noite** cresce em profusão no meu jardim.

Em algum saite você encontrará a receita de pudim de **batata-doce**.

Restam poucas árvores de **pau-brasil**.

OUTROS EXEMPLOS: banana-maçã, batata-inglesa, barba-de-bode, bico--de-papagaio (a planta; a afecção na coluna vertebral, sem hifens), cana-de-açúcar, castanha-do-pará, chá-da-índia, chuva-de-ouro, coco-da-baía, cogumelo-do-sol, copo-de-leite, cravo-de-defunto, dedo--de-dama, erva-cidreira, flor-do-campo, garra-do-diabo, laranja-pera, pimenta-do-reino, pinheiro-do-paraná, sapatinho-de-vênus.

5. Plural dos substantivos compostos

Para fazer o plural de um substantivo composto, a norma geral é flexionar a palavra que é flexionável. Variar o que é variável. Isso quer dizer que só vão para o plural os substantivos e os adjetivos. Os advérbios, as preposições e os verbos que entram na composição não variam, isto é, conservam a mesma forma tanto no singular quanto no plural.

Vejamos um a um os quatro casos:

SUBSTANTIVO + SUBSTANTIVO → FLEXIONAM OS DOIS

Quem é o **redator-chefe**?

Os **redatores-chefes** dos jornais da cidade se reuniram para debater a situação da classe.

Gostei dessa **couve-flor**.

As **couves-flores** tinham uma aparência linda, mas achei que estavam cheias de agrotóxico.

ADJETIVO + SUBSTANTIVO →
SUBSTANTIVO + ADJETIVO → FLEXIONAM OS DOIS

O **baixo-relevo** está mal acabado.

Os **baixos-relevos** esculpidos naquela pedra são o maior patrimônio cultural do município.

Deixei os óculos no **criado-mudo**.

"A fabricação de **criados-mudos** em jacarandá está fora de cogitação", afirmou um entendido no setor moveleiro.

ELEMENTOS UNIDOS POR PREPOSIÇÃO → SÓ FLEXIONA O 1º TERMO

O **pão de ló** queimou na beirada.

Na festa de São João, os **pães de ló** de laranja venderam mais do que os **pés de moleque.**

A **ave-do-paraíso** fugiu do zoológico.

As **aves-do-paraíso** destroçaram as **espadas-de-são-jorge** do jardim.

VERBO + SUBSTANTIVO → O VERBO NÃO FLEXIONA

Parece que os **vira-latas** invadiram a cidade.

Todos os **guarda-chuvas** são pretos.

Alugaram dois **guarda-roupas** para a temporada.

Os **guarda-pós** usados devem ser colocados no cesto.

Mil **guarda-livros** se inscreveram no concurso.

Não sei para que tantos **guarda-costas**!

Os novos **para-brisas** estão muito caros.

As **porta-estandartes** de várias escolas de samba ensaiaram juntas.

Os **porta-bagagens** dos carros modernos são bastante amplos.

Toda sua riqueza estava distribuída em dez **porta-joias.**

Os melhores **guarda-vidas** receberam merecida promoção.

Resumo Gramatical

SUBSTANTIVO + SUBSTANTIVO → os dois no plural

ADJETIVO + SUBSTANTIVO
OU
SUBSTANTIVO + ADJETIVO → os dois no plural

ELEMENTOS UNIDOS POR PREPOSIÇÃO → só o 1º no plural

COMPOSTOS EM QUE ENTRA UM VERBO → o verbo fica invariável

EXCEÇÕES

As exceções ficam por conta de **arco-íris, ave-marias, padre-nossos** (ou padres-nossos), **salvo-condutos** (ou salvos-condutos), **mapas-múndi** e outros poucos vocábulos.

Indicação de finalidade, semelhança, espécie

Há um tipo de substantivo composto que tem causado alguma vacilação no que se refere ao seu plural: são aqueles em que o segundo substantivo limita a significação do primeiro, encerrando uma ideia de **finalidade, semelhança, forma, tipo ou espécie, relação** etc. Voltemos a ver alguns exemplos dessa formação:

Finalidade

Cada professor recebeu uma **ficha-controle** para avaliação dos alunos.

Muitas empresas, infelizmente, sonegam o **salário-educação.**

Parte do **vale-transporte** é descontada no contracheque.

"Central do Brasil" e outros filmes brasileiros se enquadram na categoria **cinema-exportação.**

Semelhança, forma

A **mulher-aranha** faz a alegria da criançada.

Memórias, **romances-reportagem** e aventuras foram as formas dominantes da ficção dos anos 70.

Tipo, espécie

As gráficas se abasteceram de **papel-jornal** antes do aumento.

De um pé de **laranja-lima** fez uma linda novela.

Em 1999 pesquisadores reproduziram, pela primeira vez, **células-tronco** do cérebro de homens vivos e de ratos mortos.

Relação

Nosso colégio paga a **hora-aula** melhor do que os outros da cidade.

Foi feito um levantamento preciso dos **custos-hora** dos empregados fixos e diaristas em todas as unidades da empresa.

Como fazer então o plural desses substantivos em que o segundo funciona como especificador do primeiro? Há duas opções: pluralizar os dois termos, como dita a regra geral, ou só levar o primeiro para o plural, a exemplo de *cartas-convites* ou *cartas-convite*.

Seguindo rigorosamente a norma de flexionar o que é flexionável, devemos dizer *salários-famílias*, porque são dois substantivos, assim como *atividades-meios, seguros-desempregos, horas-aulas* etc. No entanto, o plural mais usado é: *salários-família, atividades-meio, seguros-desemprego, horas-aula*. Por quê? Justamente porque são compostos em que o segundo substantivo funciona como determinante do primeiro. Neste caso, repito, é permitido flexionar apenas o primeiro substantivo. A eufonia muitas vezes determina o uso desta ou daquela forma.

Em virtude dessa dupla possibilidade de pluralização é que os dicionários registram (quando o fazem) dois plurais em certos compostos, como por exemplo: *carros-bombas* e *carros-bomba, sambas-enredos* e *sambas-enredo, bananas-pratas* e *bananas-prata, frutas-pães* e *frutas-pão*. Entre um e outro, a escolha é sua.

II — ADJETIVOS COMPOSTOS

Nesta etapa vamos tratar apenas de adjetivos. Primeiramente, os compostos por dois adjetivos (há composições com três, embora menos comuns) e respectivo plural, que são indispensáveis no nosso dia a dia. Depois veremos os adjetivos pátrios compostos, igualmente importantes na comunicação diária.

Na última parte, passamos pelas cores simples para chegar às compostas, as quais têm a peculiaridade de ser formadas tanto por adjetivos quanto por substantivos, tais como *rosa, cinza, canário* e *violeta* – mais do que uma curiosidade, uma orientação para aqueles que trabalham com moda, arquitetura, decoração e afins.

6. Adjetivo + adjetivo

Na formação de adjetivos compostos, em que há a possibilidade de se usar dois ou três adjetivos, o primeiro elemento é invariável, ou seja, fica sempre na sua forma básica (o masculino), e só o segundo faz a concordância com o substantivo caracterizado. Em outras palavras, o último adjetivo vai para o feminino quando o substantivo que ele modifica é feminino, e flexiona-se no plural (masculino ou feminino) quando o substantivo está no plural. Exemplos:

Janer é assistente técnico e assistente legislativo.	=	Janer é assistente **técnico-legislativo.**
Na década de 80 os livros de ficção passaram por um reajuste literário e um reajuste comercial.	=	Na década de 80 os livros de ficção passaram por um reajuste **literário-comercial.**
Fez um relatório sobre a situação produtiva, econômica e financeira da firma.	=	Fez um relatório sobre a situação **produtivo-econômico-financeira** da firma.

Foi necessária uma intervenção clínica e cirúrgica para livrá-lo do perigo.	=	Foi necessária uma intervenção **clínico-cirúrgica** para livrá-lo do perigo.
É uma criança surda e também muda.	=	É uma criança **surda-muda/surdo-muda**.

Como adjetivo, *surdo-mudo* pode seguir a regra dos adjetivos compostos ou flexionar à maneira dos substantivos. Assim, por exemplo, *meninas surdas-mudas* é mais usual que *meninas surdo-mudas*. Outro caso:

> Como coadjuvante, Patty Duke ganhou o Oscar em 1962 pela interpretação da menina **cega-surda** em *O milagre de Anne Sullivan*.

Já quando substantivo, flexionam-se os dois elementos em gênero e número:

> Os *surdos-mudos* devem receber tratamento escolar diferenciado.
>
> Foram oferecidos empregos na fábrica de artefatos de palha para as *surdas-mudas*: só uma *surda-muda* aceitou.

Elementos reduzidos

O VOLP 2009 traz **infantojuvenil** sob o argumento de que *infanto* é falso prefixo, e não a forma reduzida (para fins de composição) do adjetivo *infantil*, como sempre se soube. Também houve a eliminação do hífen em: **infectocontagioso** (antes: infecto-contagioso) e **literomusical**. O agravante em literomusical é a alteração da pronúncia, ou no mínimo a hesitação: deve-se pronunciar liTEromusical ou LÍteromusical?

O problema maior é o desvio da norma. Como justificar aos alunos que não se usa hífen nestes casos, quando já se ensinou que adjetivo + adjetivo leva hífen? A ver:

Seus livros são dirigidos ao público **infantil** e **juvenil**.	=	Seus livros são dirigidos ao público **infanto-juvenil**.
Nosso grêmio escolar fazia uma apresentação **literária** e ao mesmo tempo **musical** todos os sábados.	=	Nosso grêmio escolar fazia uma apresentação **lítero-musical** todos os sábados.

Certamente houve um engano no registro da forma aglutinada, que só faz sentido quando o segundo elemento adjetiva o primeiro, conforme explicado no item Elementos aglutinados (ver p. 107). Uma opção é usar *literário-musical*, assim como *literário-editorial*.

Socioeconômico e outros

Os adjetivos e substantivos formados com *socio-*, elemento que diz respeito a social e sociedade, são aglutinados; só se usa hífen diante de palavra-base iniciada por *h*, como **sócio-histórico** e **sócio-história**. Exemplos:

> O estudo abrange aspectos fundamentais da **sociolinguística** e da **sociogeografia**.
>
> A ciência da **sociogenética** pretende obter mais recursos para pesquisa.
>
> Seu tratamento é baseado no **sociodrama**.
>
> No setor pediátrico está havendo uma tentativa de prática **socioeducativa**.
>
> O clube se dedica a atividades **socioculturais** e **socioesportivas**.
>
> O Porto da Barra causará grande impacto **socioambiental** na ilha.
>
> Ele não se encaixa em nenhuma linha dentro do espectro **sociopolítico** brasileiro.
>
> A situação **socioprofissional** dos comerciários, passada a crise, já não é tão difícil.
>
> Na celebração do convênio serão levadas em conta as condições **socioeconômico-culturais** do Rio de Janeiro.

Atenção

Diferentes são os casos de **sócio-gerente**, em que o primeiro elemento é um substantivo, 'companheiro', agregado a outro substantivo; e de **social-democracia**, plural *sociais-democracias* (cf. Houaiss) ou *social-democracias* (cf. Aulete).

7. Plural dos adjetivos compostos

Como explicado no capítulo 6 (p. 103), o plural dos adjetivos compostos é formado flexionando-se apenas o último elemento. O primeiro ou os adjetivos antecedentes ficam na sua forma básica, o masculino.

Acompanhe os exemplos:

Na reunião, trataram de questões **econômicas** e de questões financeiras.	=	Na reunião, trataram de questões **econômico-financeiras**.
As variações linguísticas dependem também de fatores **históricos** e de fatores **culturais**.	=	As variações linguísticas dependem também de fatores **histórico-culturais**.
Foi empossado no cargo de superintendente para tratar de assuntos **técnicos** e assuntos **culturais**.	=	Foi empossado no cargo de superintendente para assuntos **técnico-culturais**.
Discutimos à exaustão as tendências **políticas** e **sociais** da população nordestina.	=	Discutimos à exaustão as tendências **político-sociais** da população nordestina.

8. Adjetivos pátrios

Adjetivos pátrios são aqueles que se referem a continente, país, região, estado, cidade, vila, povoado. Interessa-nos observar, neste ponto, como se formam os pátrios compostos de dois adjetivos. São mais comuns os seguintes:

É descendente de *alemães* e de *brasileiros*. = É **teuto-brasileiro**.

Estudar a antiguidade *grega e romana* é fascinante. = Estudar a antiguidade **greco-romana** é fascinante.

A dança com batuque é de tradição *africana e americana*. = A dança com batuque é de tradição **afro-americana**.

Há muito tempo frequento o instituto para aprender o inglês da *Inglaterra* e o dos *Estados Unidos*. = Frequento o instituto **anglo-americano**.

A literatura produzida na *América* onde se fala o *espanhol* é muito rica. = A literatura **hispano-americana** é muito rica.

As relações diplomáticas entre a *Europa* e a África estão cada vez mais estreitas. = As relações diplomáticas **euro-africanas** estão cada vez mais estreitas.

Os habitantes da região da Suíça em que se fala *italiano* são tão prósperos quanto os habitantes da *suíça francesa*. = Os **ítalo-suíços** são tão prósperos quanto os **franco-suíços**.

Nosso presidente foi a *Portugal* cuidar dos interesses **luso--brasileiros.**

O comércio **sino-brasileiro** aumentou depois da visita do primeiro-ministro *chinês* ao *Brasil*.

O *Japão* e o *Brasil* assinaram um protocolo visando ao intercâmbio cultural **nipo-brasileiro**.

ATENÇÃO

Usa-se como primeiro elemento do adjetivo pátrio composto aquele com menor número de sílabas.

Elementos aglutinados

Os elementos de composição *afro, anglo, euro, franco, luso* e outros se aglutinam ao radical sem hífen quando funcionam adjetivamente, isto é, como uma locução adjetiva: *anglomania* quer dizer mania **de** inglês; *afrodescendente* é descendente **de** africano. Usa-se o hífen quando a ideia é de soma, repita-se: em *anglo-saxão* e *afro-brasileiro* vê-se o resumo de *inglês e saxão, africano e brasileiro.*

OUTROS EXEMPLOS: afrorreligioso, anglocatolicismo, anglomaníaco, eurocomunismo, euromercado, francoparlante, lusofonia.

Adjetivos pátrios brasileiros

Os adjetivos pátrios derivados de cidades ou estados brasileiros que têm mais de um nome (como Mato Grosso, Rio Grande/Branco/Preto, São Bento do Sul) devem ser grafados com hífen:

mato-grossense-do-sul *ou* sul-mato-grossense

rio-branquense

rio-paranaibano

rio-pretense

rio-pretano

rio-grandense-do-norte *ou* norte-rio-grandense

são-bentense

são-borjense

são-bento-nortense

santo-inaciense

santa-ritense

santa-fé-sulense

Fazendo parte de um nome próprio, todas as iniciais devem ser maiúsculas. Quando, porém, o composto começa a frase mas constitui um substantivo comum, só a primeira letra é maiúscula. Confira:

Com a seca, o **Pantanal Mato-Grossense** vive o auge de sua temporada. Mato-grossenses esperam milhares de turistas!

O **Acordo Luso-Brasileiro** foi aprovado por ambos os chefes de Estado. Luso-brasileiros estão chegando a um acordo.

9. Cores

Ao falar de cores, em primeiro lugar é preciso dizer que há duas classes gramaticais que as designam: o adjetivo e o substantivo. Se digo *as toalhas amarelas*, estou usando *amarelas* como adjetivo; se falo *a pasta rosa*, estou usando um substantivo para indicar a cor da pasta, pois *rosa* é nome de flor.

Vejamos algumas das cores que são realmente adjetivos, com o respectivo plural:

amarelo	amarelos
azul	azuis

branco	brancos
marrom	marrons
preto	pretos
roxo	roxos
vermelho	vermelhos
verde	verdes

Além das cores em si, são também adjetivos os vocábulos *claro, escuro, castanho,* que têm o plural *claros, escuros, castanhos*.

Rosa, laranja, violeta, açafrão, cinza, gelo, areia, vinho, ferrugem, entre outros, são elementos que emprestam seu nome a uma cor para precisar uma de suas tonalidades. São originalmente substantivos; transformam-se em adjetivos por derivação imprópria. Neste caso, ficam invariáveis:

vidros laranja	saias cinza
luvas canário	paredes malva
paletós creme	tons pastel*

* Pastel aqui não se refere à comida, e sim a uma planta crucífera (*Isatis tinctoria*) cultivada no sul da França na Idade Média e muito valorizada porque sua tinta corante permitia "obter azuis indeléveis, violetas, verdes e pretos inigualáveis" (Cazes, 1994:43). O comércio do pastel entra em declínio quando o índigo – substância extraída do indigueiro e que serve para tingir de anil – começa a tomar conta do mercado europeu no séc. XVI.

Cores compostas

Também as cores podem formar palavras compostas. A propósito delas, devemos registrar que:

I – Fica *invariável* o composto quando um dos elementos é uma cor derivada de um substantivo:

O colar tinha três grandes pedras **azul-turquesa** de valor incalculável.

São **verde-oliva** os uniformes do exército.

Os canários mais bonitos da exposição eram **amarelo-ouro** e **cor de abacate.**

Usou tons **rosa-claro** e **verde-musgo** na decoração da sala.

Gosto de ternos pretos mas prefiro os **cinza-chumbo.**

São famosos seus olhos **violeta-escuro.**

II – Só flexiona o segundo elemento quando os dois são originalmente adjetivos (como em qualquer caso de adjetivo composto):

Tinha a tez pálida e os lábios **vermelho-claros.**

Fez o retrato falado de um moço com olhos pretos, barba rala e cabelos **castanho-escuros.**

A gravata tem listras bordô e **verde-claras.**

EXCEÇÕES

Azul-marinho e **azul-celeste** ficam invariáveis apesar de *marinho* e *celeste* serem adjetivos. Diz-se, pois: *uniformes azul-marinho* e *mantos azul-celeste.*

O plural de infravermelho é **infravermelhos** – varia como qualquer adjetivo. Já **ultravioleta** é adjetivo de dois gêneros e dois números por causa da palavra *violeta,* que como vimos é invariável:

Os raios *ultravioleta* e *infravermelhos* são necessários à vida.

III – PREFIXOS
COM SUBSTANTIVOS E ADJETIVOS

Nesta etapa veremos os prefixos que se aplicam tanto a substantivos como a adjetivos, possibilitando a formação de compostos variados e bastante úteis. Afinal, o mundo moderno, com suas invenções e descobertas, impõe a criação de neologismos todos os dias. Criar palavras novas é possível desde que se observem as regras convencionadas para isso. Vamos analisar, então, como se usam esses prefixos na formação de termos novos ou tradicionais.

Compor palavras com prefixos – a chamada "derivação prefixal" – é um dos processos de que a língua se serve para ampliar seu vocabulário. Prefixo é o elemento formativo que se coloca antes de uma palavra já existente, que aqui poderemos chamar de palavra-base.

O Acordo Ortográfico que entrou em vigor em 2009 traz como regra geral a formação de compostos sem hífen. Mas há exceções; em razão delas, apresentamos o assunto em três partes:

- prefixos terminados em vogal
- prefixos terminados em consoante
- prefixos diversos

10. Prefixos terminados em vogal

Encontra-se abaixo uma listagem dos prefixos e pseudoprefixos terminados em vogal. Embora seja bem abrangente, não abarca todos os elementos de composição existentes, só os mais usados.

aero	auto	endo	gastro
agro	bi	entre	geo
ante	bio	extra	hemi
ântero	cardio	fisio	hetero
anti	contra	fito	hexa
arqui	eco	fono	hidro
audio	eletro	foto	hipo

homo	micro	paleo	semi
ínfero	midi	penta	sobre
infra	mini	peri	supra
intra	mono	pluri	tele
iso	morfo	poli	termo
justa	moto	póstero	tetra
lipo	multi	proto	tri
macro	nefro	pseudo	ultra
maxi	neo	psico	uni
mega	neuro	radio	video
meso	orto	retro	zoo
meta	para	rino	

REGRA GERAL: **Não** se usa hífen entre o prefixo e a palavra-base.

Detalhe essencial: escrever **rr** e **ss** quando necessário. Antes de juntar prefixo e palavra-base, precisa-se observar que, quando esta começa com *r* ou *s* depois de prefixo terminado por vogal, a pronúncia exige que se dobrem essas duas consoantes: macro + região = macro**rr**egião; multi + setorial = multi**ss**etorial.

EXCEÇÃO À REGRA GERAL:

- Usa-se hífen diante de palavra iniciada por *h*.
- Usa-se hífen para separar vogais iguais.

O Hífen Separa Vogais Iguais

A-A

intra-arterial, contra-ataque, contra-arrazoar, mega-astro, para-apendicite, supra-auricular, ultra-aquecimento

E-E

sobre-esforço, tele-entrega [ou telentrega], tele-educação [ou teleducação]

I-I

anti-idade, arqui-inimigo, mini-iate, multi-irrigação, semi-intensivo

O-O

neo-ortodoxo, micro-ondas, proto-orgânico/protorgânico, retro-ocular

A seguir exemplificamos os prefixos mais comuns.

Notar que a vogal final de alguns prefixos pode aglutinar-se à vogal posterior, criando variações como **hidroelétrica** e **hidrelétrica**, ou desaparecendo de todo: psico + análise = **psicanálise**. Também o *h* pode ser eliminado em certos compostos, como em **geo-hidrografia** e **geoidrografia.** Quando é o caso, os dicionários costumam registrar as duas opções.

Observar ainda que o prefixo não é acentuado graficamente quando constitui elemento átono da palavra. Mas quando usado sozinho como redução de substantivo, deve levar acento conforme as regras ortográficas vigentes. Por exemplo: o *vídeo*, o *áudio*, a *máxi* (desvalorização), a *míni* (saia), as *múlti* (nacionais), os *héteros*, isto é *súper*!

AERO

Prefiro **aerossol** a *spray*.

Diz o técnico que o **aerocondensador** pifado não tem conserto.

OUTROS EXEMPLOS: aerodinâmica, aeroespacial, aeronave.

AGRO

Os pequenos produtores de toda a região oeste resolveram associar-se numa cooperativa **agropastoril.**

O sistema "float" reduz a utilização de **agrotóxicos** e elimina o uso do brometo.

OUTROS EXEMPLOS: agroturismo, agroindústria, agrosserviço, agroecologia, agronegócio.

ANTE

Anteontem, às duas da madrugada, vi uma estrela cadente.

Quebrou o antebraço na **antessala.**

Aquele mosteiro conserva tesouros **anterrenascentistas.**

Veja estas gravuras de animais **ante-históricos.**

ANTI

Achou **antiestética** toda a decoração.

Seu cão pastor já tomou a vacina **antirrábica**?

Tumultos **anti-imigrantes** na França só aconteceram em 1880 e 1930.

As doenças foram provocadas por hábitos **anti-higiênicos**.

AUDIO

Para facilitar o aprendizado, o professor usou um **audiovisual** sobre a matéria.

OUTROS EXEMPLOS: audiolivro, audiotexto, audioamplificador, audiofrequência.

AUTO

A **autoestrada** está em fase de conclusão.

Tenho uma cópia do **autorretrato** de Modigliani.

Não depende de ninguém – é **autossuficiente**.

OUTROS EXEMPLOS: autoatendimento, auto-hemoterapia, autoajuda, autoimune, autorreflexão, autopeças, autopista.

O prefixo auto *pode se referir tanto a automóveis como a "si mesmo".*

BIO

Entre os pontos positivos da crise econômico-energética no Brasil evidencia-se o desenvolvimento de **biodigestores** para geração e utilização da **bioenergia**.

OUTROS EXEMPLOS: biodiversidade, biodegradável, biomassa, bioética, bioindicador, biossocial, biossustentável.

CARDIO

O aparelho **cardiovascular** é o responsável pela irrigação sanguínea do corpo humano.

OUTROS EXEMPLOS: cardiorrespiratório, cardiocoronariano.

CONTRA

A foto da manequim saiu na **contracapa** da revista.

Contrataram novos **contrarregras** para a próxima telenovela.

É um **contrassenso** comprar aviões sem ter um aeroporto.

Outros exemplos: contra-atacar, contra-arrazoar, contrarrazões.

ECO

O desmatamento irracional em algumas áreas do Estado está afetando seriamente o **ecossistema** da região, o que irá prejudicar o **ecoturismo**.

Outros exemplos: ecoinstituição, eco-organização, ecoarqueológico, ecocardiografia.

ELETRO

Se não tomarmos providências na execução do projeto, o campo **eletromagnético** gerado pela rede de alta-tensão interferirá nas comunicações telefônicas.

Outros exemplos: eletroeletrônica, eletromecânica.

ENTRE

Não tendo gostado da peça teatral, o jovem saiu no primeiro **entreato**.

Outros exemplos: entrecena, entrecarga, entrechocar, entrecruzar-se, entre-hostil.

EXTRA

Não podemos contar com recursos **extraorçamentários**.

Ao pegar essa lâmpada tenha cuidado que ela é **extrassensível**.

Foi considerada **extrarregulamentar** a admissão do pessoal sem concurso público.

A tendência é dar tratamento clínico ao doente em ambiente **extra-hospitalar**.

FITO

Através da **fitossociologia** foi possível organizar a floresta em estratos.

Outros exemplos: fitossanitário, fitomorfologia, fitotecnia.

FOTO

Como consequência do desenvolvimento da **fotoeletrônica** surgiu a fibra ótica, que revolucionou as telecomunicações mundiais.

A cebola requer condições específicas de **fotoperíodo** e temperatura para a completa bulbificação.

Outros exemplos: fotomontagem, fotorreportagem, fotoeletrônica, fotobiografia.

GEO

No futuro os sistemas cadastrais dos municípios serão **georreferenciados.**

Outros exemplos: geoprocessamento, geoeconômico, geociências, geofísica, geobotânica, geossintético, geo-história/geoistória.

HETERO

O fator positivo da nossa **heteroconstrução** como cidadãos é poder nos entendermos como seres humanos com possibilidades e limites.

Outros exemplos: hetero-orgânico/heterorgânico, heterossexual, heteroagressão, heterodinâmica.

HIDRO

O prefeito foi a Brasília pleitear recursos para implantar a rede de esgoto **hidrossanitário** em sua cidade.

Só o **hidroavião** permitiu aos exploradores chegar à região durante a enchente.

Outros exemplos: hidromassagem, hidromecânica, hidroenergético/hidrenergético, hidroelétrica/hidrelétrica.

HIPO

O Judiciário tem dado mais atenção aos **hipossuficientes.**

Outros exemplos: hipotensão, hipodesenvolvimento, hipoterapia, hipomania.

INFRA

A cidade não possui **infraestrutura** turística para receber tantos convencionais.

A frequência do **infrassom** é imperceptível ao ouvido humano.

Os raios **infravermelhos** em excesso não fazem bem à pele.

OUTROS EXEMPLOS: infra-assinado, infra-acústico, infraordem, infra-humano.

INTRA

"Esta arritmia cardíaca foi causada por um distúrbio **intrassinusal**", esclareceu o cardiologista.

O conteúdo **intraocular** é gelatinoso e transparente.

É pouco comum a presença de cálculos nas vias biliares **intra-hepáticas**.

MACRO

O universo é o primeiro e talvez o único exemplo concreto de **macrocosmo**.

Na pesquisa, considerou-se o índice de natalidade da **macrorregião**.

OUTROS EXEMPLOS: macroentidade, macrovisão, macroempresário, macrossistema, macrossociologia, macro-objetivo (propósito), macrobjetiva* (componente óptico), macro-organização/macrorganização*.

* O "oo" pode sofrer uma contração, desde que o acento tônico não recaia sobre a sílaba inicial da palavra-base. No caso de *macrorganização* a sílaba forte é a última.

MAXI

Quando da decretação do plano de inflação zero, o ministro afirmou categoricamente que não haveria **maxidesvalorização**.

OUTROS EXEMPLOS: maxissaia, maxicasaco, maxievolução.

MEGA

Artistas e socialites estiveram no **megaevento**.

O **megaprojeto** de informatização do Estado prevê recapacitação de pessoal.

Outros exemplos: megaempresário, megaestrela, megaprodução, megaespeculador, mega-hidromotor, mega-hospital.

META

Ao final do curso, Aline discutiu a **metapoesia** em Carlos Drummond.

O estudo vai da filosofia de Platão ao pensamento **pós-metafísico**.

Outros exemplos: metalinguagem, metalinguística, meta-hemoglobina, meta-história, meta-humano, metapsíquico.

MICRO

Todas as localidades foram captadas pela **microcâmara**.

Os **micro-organismos/microrganismos*** foram estudados a fundo.

Outros exemplos: micro-ônibus, microanálise, microelemento, microempresário, microbacia, microfilme, microcélula, microssegundo, micro-haltere.

* O "oo" pode sofrer uma contração, mas não quando o acento tônico recai sobre a sílaba inicial da palavra-base, como acontece com *micro-ônibus*, *micro-órgão* e *micro-ondas*. Notar que na palavra *microrganismo* a sílaba forte é a penúltima.

MINI

A **minibiblioteca** ambulante chegou à localidade de Ribeirão.

Serão produzidas três novas **minisséries** este ano.

Usou-se um **minissubmarino** para avistar uma escuna de 1853.

Outros exemplos: miniauditório, minipizza, minizoo, mini-hotel, mini-holerite.

MONO

No Brasil as **monoculturas** estão em declínio.

A **monoprodução** predomina na serra e no oeste de Santa Catarina.

MOTO

O trabalho incessante das **motosserras** tem enriquecido aquela região do Pará.

OUTROS EXEMPLOS: motoniveladora, motomecanização, mototáxi, motonáutica.

O hífen nas expressões sinônimas ***moto-perpétuo*** *(pl. motos-perpétuos) e* ***moto-contínuo*** *(pl. motos-contínuos) se deve ao fato de elas serem compostas não pelo elemento prefixal moto (referente a motor) mas por dois substantivos, o primeiro significando "movimento, giro".*

MULTI

Os computadores atuais podem prestar serviços a várias empresas simultaneamente, utilizando o sistema de **multiusuário**.

OUTROS EXEMPLOS: multissetorial, multirracial, multimarca, multiempresa, multiestrutura, multiatendimento, multifamiliar, multissecular, multicanal.

PARA

Os **parapsicólogos** divergem em torno dessa questão.

Todas aquelas empresas são **paraestatais**.

OUTROS EXEMPLOS: para-atleta, paraolimpíada, paramédico, paramilitar, paradidático, paranormalidade, parassimpático, para-história, para-hidrogênio.

Este prefixo indica "proximidade, ao lado de, ao largo de; elemento acessório, subsidiário; funcionamento desordenado ou anormal; semelhante". Não confundir com o elemento para-, do verbo parar, "que apara ou que protege contra", como em para-choque, para-brisa, para-sol.

PLURI

O governo divulgou hoje o plano **plurianual** de Educação.

OUTROS EXEMPLOS: pluridimensional, pluriestadual, pluriorganismos.

POLI

As terras do Mato Grosso são próprias para a **policultura**.

OUTROS EXEMPLOS: poliesportivo, polivalente.

PSEUDO

Só um **pseudoartista** desenharia tão mal.

É quase um verme, é um **pseudo-homem**.

Em seu filme *Depois do ensaio*, Ingmar Bergman trata de **pseudossentimentos**.

PSICO

Suas dores são **psicossomáticas**, diagnosticou o clínico.

OUTROS EXEMPLOS: psicodiagnóstico, psicocirurgia, psicossexual, psicodinâmica, psicopedagogia, psicossocial, psicogenética.

RADIO

O tratamento do câncer baseia-se na cirurgia, na quimioterapia e na **radioterapia**.

Os danos causados pela **radioatividade/radiatividade** ficam irrecuperáveis por muitas gerações.

Durante as enchentes, muitas vidas foram salvas graças à colaboração dos **radioamadores**.

Radi(o) pode se referir a raio, radiação ou radiofonia.

RETRO

A lâmpada do **retroprojetor** queimou há pouco, prejudicando a sequência da aula.

OUTROS EXEMPLOS: retroalimentação, retroescavadeira, retroimagem, retrocontagem.

SEMI

No Brasil há mais de 30 milhões de **semianalfabetos**.

Quando a sobremesa com gelatina foi trazida à mesa, já estava **semissólida**.

Traçou um **semicírculo** na margem da folha.

SOBRE

Sob os escombros, a **sobrevida** é maior para os recém-nascidos.

Estamos de **sobreaviso** porque as águas do rio podem transbordar a qualquer hora.

Fez um esforço **sobre-humano** para sair do atoleiro.

SUPRA

O requerente **supracitado** mora na rua do Ouvidor nº 500, Rio de Janeiro.

Aquele boçal é na verdade o **suprassumo** da ignorância.

Nos textos médicos que consultei não vi menção à região **supra-axilar**.

O espaço **supra-hepático** situa-se entre o diafragma direito e o fígado.

TELE

As torres de micro-ondas e os equipamentos de **teletransmissão** e recepção fazem parte do **telessistema** de comunicação no Brasil.

Outros exemplos: telerreunião, televendas, telepizza, telemania, telessexo, teleconversa, telessorte, teleadivinhação, telecurso, tele-estreia.

TERMO

Os motores dos automóveis nada mais são que a tecnologia aplicada aos princípios da **termodinâmica**.

Outros exemplos: termoelétrica/termelétrica, termodifusão, termorregulação, termonuclear.

ULTRA

Os raios **ultravioleta** dão um bonito bronzeado à pele quando apanhados comedidamente.

No Japão existem trens **ultrarrápidos**.

Detectou diferentes falas de golfinhos com um aparelho de **ultrassom**.

Saiu da festa **ultra-alcoolizado** mas teve sorte – nada lhe aconteceu.

UNI

A bactéria é **unicelular**.

Oferecemos apartamentos com área **unifamiliar** exclusiva.

Outros exemplos: univalvular, unipessoal.

VIDEO

A **videomania** tomou conta dos jovens.

Outros exemplos: videocassete, videoteipe, videojogo, videoclipe, videotexto, videoarte, videolocadora, videoconferência.

ZOO

Foram tomadas medidas **zoossanitárias** para combater a febre aftosa.

Outros exemplos: zoogeografia, zooterapia, zootécnicas.

11. Prefixos terminados em consoante

Apresentamos a seguir a lista dos prefixos terminados em consoante. São poucos; alguns são de uso raro.

ab	inter	sob
ad	nuper	sub
circum	ob	super
cis	pan	trans
hiper	preter	

REGRA GERAL: **Não** se usa hífen entre o prefixo e a palavra-base.

EXCEÇÕES

- Usa-se hífen diante de palavra iniciada por **h**.
- Usa-se hífen para separar consoantes iguais: **r-r, b-b, m-m** e **n-n**, ou **n-m, m-n** (considerando-se nos dois últimos casos a nasalização: os fonemas são iguais).

O HÍFEN SEPARA CONSOANTES IGUAIS

R-R

super-rugoso, super-raça
inter-regional, inter-relacionar
hiper-reação, hiper-realismo

B-B

sub-base, sub-bacia, sub-biótipo, sub-bosque, sub-brigadeiro

N-N N-M M-M M-N

pan-naturalista, pan-negro
pan-mítico, pan-mágico
circum-murar, circum-mediterrâneo
circum-navegar, circum-navegação

Vejamos separadamente alguns desses prefixos, observando exceções específicas:

HIPER

Nada parece resolver minha **hiperacidez** estomacal.

Essa reação alérgica é devida a uma **hipersensibilidade** à penicilina.

A **hiperatividade** do menino foi constatada em aula.

OUTROS EXEMPLOS: hiper-humano, hiper-hidratação/hiperidratação, hiper-hidrose/hiperidrose.

INTER

A olimpíada **inter-helênica** deu origem à atual.

Os encontros **inter-regionais** que vimos mantendo há três anos têm fortalecido os laços de amizade entre os associados.

Houve um debate **intersindical** antes da proposta de aumento ser levada aos patrões.

Brasil e Paraguai firmaram um acordo **interestadual** para a utilização do potencial hidrelétrico do rio Paraná.

Oito agremiações já fizeram sua inscrição para o campeonato **interclube** de tênis de mesa.

SUPER

O **super-homem** foi criado na época da recessão americana.

Tem poderes de **super-rei**.

O acidente deixou-lhe uma pequena cicatriz no **supercílio**.

Busca-se sacudir de sua apatia um povo **superexplorado** porém submisso.

Aviões **supersônicos** já não são novidade.

SUB

O contador enfim escreveu **subtotal** sem hífen.

A **subnutrição** é responsável pela alta mortalidade infantil na região.

No item VI, **subitem** 2, você encontrará a norma de procedimento que está procurando.

Nosso **subsolo** é rico em minerais.

Procurou o **sub-bibliotecário**, mas ele havia saído sem deixar aviso.

Às mulheres era reservado um *status* quase **sub-humano/subumano**.

Enquanto não erradicarmos o problema da **sub-habitação/subabitação**, não poderemos nos considerar um país desenvolvido.

A **subalimentação** ou a falta de alimentos está gerando uma **sub-raça**.

OUTROS EXEMPLOS: sub-hepático, sub-hirsuto, sub-horizonte, sub-registro, sub-reitor, sub-reptício, sub-rogar, sub-rogação.

No caso dos prefixos terminados em B – *sub, sob, ab, ob* –, usa-se hífen antes de R, além dos já citados H e B. Essa separação gráfica é necessária para informar a pronúncia correta, pois se a grafia de sub-raça, por exemplo, fosse sem hífen (subraça), leríamos com o mesmo som de "abraça". Desse modo, devemos escrever: **sob-rodas, ab-rogar, ob-reptício.** Vale o mesmo princípio para o prefixo *ad*: **ad-renal** (mas: adrenalina).

PAN

O Rio de Janeiro sediou os Jogos **Pan-Americanos**.

Esse é um símbolo religioso **pan-andino** que teria surgido entre os anos 500 e 1450 da nossa era.

No encontro estiveram presentes os bispos da **pan-Amazônia**, que recobre parte de nove países sul-americanos.

Além de ***h, m, n,*** *usa-se hífen entre o prefixo* pan *e palavras iniciadas por* ***vogal.***

Cumpre observar que antes das letras P e B o ***n*** *se transforma em* ***m.***

OUTROS EXEMPLOS: pambrasileiro, pampaulista, pan-hispânico, pan-histerectomia, panracial, pansexual.

TRANS

Apesar do desenvolvimento dos satélites de comunicação, alguns países ainda utilizam o sistema de cabos submarinos **transoceânicos**.

Eles reagiram contra as sub-realizações democráticas na modernidade ocidental, capitaneadas pela **transnacionalização** do poder globalizado.

Depois de muito tempo foi reativado o trem que faz a viagem **transcontinental** entre a Europa e a Ásia.

Foucault questiona "a realidade **trans-histórica** dos objetos naturais".

Seu estudo versa sobre o **transexualismo**.

Ao unir-se com trans, *a palavra iniciada por S perde esta consoante, ficando a pronúncia, de qualquer forma, com o som de ss*: transubstanciação [trans+substanciação], transônico [trans+sônico]. *Diante de vogal, o S de* trans *tem o som de Z*.

OUTROS EXEMPLOS: transindu [trans+hindu], transinduísmo [trans+hinduísmo], transindochinês [trans+indochinês – relativo à Indochina; indo-chinês (com hífen) se refere à Índia e à China].

12. Palavras estrangeiras

Diante de termos estrangeiros – cujo uso recomenda-se evitar, embora nem sempre seja possível –, é mais comum a união sem hífen: *geostreamer, megashow, minishopping, supermerchandising, videogame* [ou videojogo], *videolaser, webconferência*. Algumas palavras já estão dicionarizadas: *endomarketing, megabyte* [ou megabaite], *megawatt, motoboy* [ou motobói], *motogirl, videobook, videomaker*.

Esta é apenas uma orientação, não uma regra, já que no Acordo Ortográfico (2009) não há menção a estrangeirismos ou palavras compostas estrangeiras.

13. Nomes próprios

Diante de nome próprio todos os prefixos mantêm uma certa distância a fim de não descaracterizá-lo. Por isso, deve-se usar o hífen em qualquer caso:

Juntou-se à brigada **anti-Fidel Castro** em Miami.

O sambista Wilson Batista foi tido como o **anti-Noel Rosa.**

Um **super-Jardim Botânico** está em vias de ser construído.

Florianópolis é considerada uma **mini-Rio de Janeiro**.

14. Prefixos diversos

Destacamos os prefixos *re, co, não, ex, vice, pós, pré, pró, recém, sem, além, aquém, bem* e *mal* pelo fato de terem algumas especificidades, merecendo comentários à parte.

RE

Neste manual, o prefixo *re* não consta da lista geral dos prefixos por não se enquadrar nas suas exceções. Ou seja:

1) não se usa hífen para separar as vogais iguais (continua como era antes do Acordo): *reeducar, reerguer, reencaixar, reenviar;*

2) não se usa hífen diante do *h*, que é eliminado: *reaver, reidratar, reumanizar.*

A regra geral é unir sem hífen, dobrando-se o ***r*** e o ***s*** diante de palavras iniciadas por estas consoantes: *rerrespirar, rerratificação, ressegurado, ressangrar.*

> As Semanas Educacionais aconteceram como palco de encontro com novos saberes e **ressignificação** da prática pedagógica.
>
> O voluntariado consciente promove ações capazes de transformar muitas vidas, refletindo o verdadeiro significado da **reumanização**.
>
> O projeto tem por objetivo a **ressocialização** dos apenados e uma **reoxigenação** das práticas utilizadas nessa área.

CO

O prefixo *co*, significando "a par, juntamente, companhia", junta-se sem hífen à palavra-base, ainda que esta comece com a mesma vogal *o*. Deve-se dobrar o **r** e o **s** diante de palavras iniciadas por essas consoantes.

> Agradeceu publicamente ao **coorientador** da tese.
>
> Meus **coestaduanos**! Conto com seu voto no dia 3.
>
> Ele figura como **coautor** e **coeditor** da obra.
>
> O remédio é eficaz, mas receio pelos efeitos **colaterais**.
>
> Em eletricidade, o **cosseno** serve para medir o rendimento dos motores elétricos.

O **corréu** pegou 10 anos de prisão.

Também serão chamados a depor os **corresponsáveis**.

A **coabitação** por mais de cinco anos dá direito a pensão alimentícia.

A tradição manda eliminar o ***h***: coabitar, coabitante. *Daí o VOLP, por analogia, ter escrito* coerdeiro. *Entretanto, o Acordo Ortográfico inclui* **co** *na regra do hífen antes de h, registrando* co-herdeiro. *Conclusão: os novos dicionários endossam as duas grafias. A preferência deve ser por* ***co-herdeiro****, pois basta um erro de digitação ou uma letra ilegível para se ter um "cordeiro" no lugar de um dos herdeiros.*

OUTROS EXEMPLOS: coacusado, coaluno, coemitente, coendossar, cofator, cofiador, cogestão, coobrigação, copartícipe, corredator, cossignatário.

NÃO

Há algumas situações em que o advérbio *não* funciona como prefixo de substantivos e adjetivos. Costumava-se fazer esta caracterização com o hífen. Todavia, a Academia Brasileira de Letras (ABL) resolveu suprimi-lo, em face da omissão do Acordo Ortográfico neste quesito. Assim, escreve-se sem hífen:

A referida ONG (organização **não governamental**) está prestando um bom serviço.

O grupo dos **não religiosos** está crescendo de forma acelerada no Brasil.

Justificava-se o desenvolvimento atômico como fundamental para a geração de energia **não poluente**.

O convênio foi suspenso em face do seu **não cumprimento**.

Margaret Atwood tem uma preocupação constante no que diz respeito à **não determinação** das criaturas.

O setor de **não ferrosos** tem contribuído para a decolagem da economia.

EXCEÇÕES

Há alguns casos em que se poderá hifenizar o prefixo *não*, sobretudo quando o composto envolver substantivo derivado de verbo: *o não-saber* (saber = conhecimento), por exemplo, ou *ser e não-ser* (diferente de *Ser ou não ser, eis a questão*). São situações em que a ausência do hífen pode criar ambiguidade, falta de clareza:

> Com tais medidas, estão todos condenados ao **não-saber**.
>
> O ser e o **não-ser**. O que é verdadeiro precisa estar no presente eterno, dele não pode ser dito "ele era", "ele será". O ser não pode vir a ser: pois de que ele teria vindo? Do **não-ser**? (Nietzsche)
>
> Esse esquema só é válido para explicar técnicas lucrativas e **não-preservacionistas.** (sem o hífen se poderia ter o sentido de: ...explicar técnicas lucrativas e não [explicar técnicas] preservacionistas)

Na Nota explicativa da Comissão de Lexicologia e Lexicografia da ABL sobre os procedimentos metodológicos seguidos na elaboração da 5ª edição do VOLP, constam 15 medidas, sendo a última (p. LIII): *"Excluir o emprego do hífen nos casos em que as palavras* ***não*** *e* ***quase*** *funcionam como prefixos: não agressão, não fumante, quase delito, quase irmão."*

E continua a nota: *"Está claro que, para atender a especiais situações de expressividade estilística com a utilização de recursos ortográficos, se pode recorrer ao emprego do hífen neste e em todos os outros casos que o uso permitir. É recurso a que se socorrem muitas línguas. Deste* ***não*** *hifenizado se serviram no alemão Fichte e Hegel para exercer importante função significativa nas respectivas terminologias filosóficas:* nicht--sein *e* nicht-ich, *de que outros idiomas europeus se apropriaram como calcos linguísticos. Não é, portanto, recurso para ser banalizado."*

EX e VICE

Os prefixos *ex* (quando indica cessamento ou estado anterior) e *vice* exigem o uso do hífen:

> John Horgan, **ex-editor** da revista *Scientific American*, conclui que a fronteira final da ciência não é o espaço mas a mente.

É no ringue dos tribunais que muitas mulheres provocam estragos consideráveis em seus **ex-maridos.**

Queria ser prefeito, embora já tivesse sido **vice-presidente.**

O **vice-diretor** assumiu na ausência do titular.

PÓS, PRÉ, PRÓ

Quando tônicos, *pós, pré* e *pró* grafam-se separados por hífen:

O sistema de refeição-convênio surgiu na Europa durante o período de fome e reconstrução do **pós-guerra.**

Ficam proibidas novas admissões em período **pré-eleitoral.**

Pré-datar cheques é prática comum em todo o Brasil.

O Estado subsidia um programa **pró-criança** de aleitamento materno e creches.

Quando átonos, *pos, pre* e *pro* associam-se ao radical:

Vive a **pospor** suas decisões, principalmente as de cunho pessoal.

Predizer catástrofes é uma de suas especialidades.

No Brasil, a época de **procriação** das aves silvestres vai de setembro a fevereiro.

Entretanto, a regra não é de todo confiável, pois foram registradas palavras sem hífen apesar de o prefixo ser pronunciado como tônico, com som aberto. É o caso de:

As condições **preexistentes** não permitiram à diretoria recém-empossada tomar novos rumos.

O ajuste foi aceito em vista do acordo **preestabelecido.**

Todos os passos estão sendo minuciosamente **predeterminados.**

NOTA

Há ainda o caso de **pré-fixado**, que alguns dicionários não registram (mas consta em Borba, 2002) e é usado na linguagem bancária com o sentido de [juro] "fixado previamente, pré-firmado, estabelecido com antecedência". Além de ser pronunciado normalmente com a vogal aberta, **pré-fixar** tem a vantagem de se distinguir gráfica e semanticamente de **prefixar** = "usar prefixo em", embora este último verbo também comporte o significado daquele.

RECÉM

O prefixo *recém* vem sempre seguido de hífen:

São comoventes as juras de amor eterno dos **recém-casados.**

Pensão alimentícia e guarda de filhos são motivo de exaustivos conflitos para os **recém-separados.**

Apresentou o relatório do ano **recém-findo.**

Recém-chegado, já quer sair de novo.

SEM

As palavras compostas com o prefixo *sem* são hifenizadas:

Respondeu a um **sem-número** de questões.

Entrou e sentou-se com a maior **sem-cerimônia.**

São invariáveis quando têm origem adjetiva, pois todo substantivo em função adjetiva é invariável:

Os (homens) **sem-vergonha** se recusaram a sair da festa.

Os **sem-religião** perfazem 21,4% dos habitantes do planeta.

A questão dos **sem-terra** merece mais atenção.

ALÉM e AQUÉM

Usa-se o hífen nas palavras compostas com *além* e *aquém*:

O projeto foi feito para que nossos artistas brilhem **além-fronteiras.**

Seus avós viviam **além-mar.**

Constituiu-se um bloco neutro **aquém-Pireneus** durante a guerra.

BEM e MAL

Muitas vezes o advérbio *bem* assume o valor de prefixo, formando uma palavra composta. A condição para isso – e por consequência para o uso do hífen – é o advérbio estar indissolúvel e inequivocamente ligado à palavra-base. Por exemplo, embora existam os vocábulos *vindo* e *sucedido*, não se diz “sejam vindos” ou "sou sucedido"; por isso se escreve com hífen: sejam **bem-vindos**, sou **bem-sucedido**.

Do mesmo modo, o advérbio *mal* pode formar substantivos ou unidades adjetivas com particípios, à maneira de prefixo. Prova-se a condição prefixal de *mal* e o caráter unitário do conjunto pelo fato de a sequência "mais mal x" não se reduzir a "pior": é *mais malfeito, mais mal-agradecido*, e não "pior feito", "pior agradecido". Também é possível pensar que, quando é advérbio, a palavra *bem* ou *mal* pode ser deslocada na frase sem prejuízo do sentido: João é um menino bem-educado porque foi **bem educado** → foi educado bem; o assunto foi **mal entendido** → foi entendido mal; queremos que o dinheiro do povo seja **bem gasto** → seja gasto bem.

Em outros termos, formam-se adjetivos e substantivos compostos com os advérbios *bem* e *mal* quando estes constituem uma unidade sintagmática e semântica com o elemento que se lhes segue. No caso de *mal*, só se usa hífen antes de **vogal** ou **h**.

> **Bem-aventurados** os puros de espírito!
>
> Todas as sugestões serão **bem-vindas**.
>
> Ao partir, seu **bem-amado** deixou-lhe cartas e flores.
>
> O livro reúne depoimentos de empresárias **bem-sucedidas** e **bem-falantes**.
>
> Preocupa-me o seu **bem-estar**.
>
> Os cinco irmãos fizeram a apresentação mais **bem-bolada** que já apareceu na cidade.
>
> O marido pediu um bife **malpassado**; a mulher, um **bem-passado**.
>
> Depois do **malsucedido** empreendimento no ramo da construção, nada mais tentou.
>
> Ambientes sujos e **malcheirosos** afastam os turistas.
>
> Pessoas **malfalantes** deveriam fazer cursos de oratória.
>
> Depois de vários **mal-entendidos**, o casal se reconciliou.
>
> Sujeito mais **mal-intencionado** não conhecemos.

Sentiu um **mal-estar** passageiro ao entrar no avião.

Vive-se mal quando se vive **mal-humorado**.

Bem-feito ou bem feito

Sugiro esquecermos a palavra "benfeito" que surgiu no Acordo Ortográfico. O próprio acadêmico responsável por ela no Brasil já admitiu em artigo de jornal que essa seria a grafia para um possível substantivo, e não para o adjetivo, como veio a constar em alguns dicionários (não em todos, felizmente).

Admitamos que houve um erro: *benfeito* aparece ao lado de *benfazejo, benfeitor* e *benquerença*. Primeiro: nos poucos casos de união sem hífen, *bem* se liga a palavras que não têm vida autônoma na língua. Ou seja, escreve-se **benquisto** e **benfazejo** porque não existe "quisto" nem "fazejo". Também não se pode alegar que se deve escrever benfeito por causa de *benfeitor*, pois uma palavra não tem nada a ver com a outra: **benfeitor** vem do latim "benefactor" e tem o significado de "benéfico, útil, que pratica o bem ou faz benfeitorias". Já **bem-feito** é uma composição de "feito bem": traz o sentido daquilo que é executado no capricho, ou que é elegante, bonito.

Temos então três maneiras de expressão:

1. Adjetivo

Para ser modelo é preciso um rosto bonito e um corpo **bem-feito**.

2. Exclamação (aprovação a um castigo ou prejuízo que se entende merecido)

O Português está em último lugar? **Bem feito**! Quem mandou não incentivarmos a leitura já no ensino fundamental.

Quando substantivada, a expressão pode vir com hífen:

Bem-feito pra mim, que deveria ter pensado melhor...

3. Advérbio com particípio

O planejamento foi **bem feito** e por isso reduziram-se os transtornos.

Para Sua Consulta

Adjetivos com o prefixo Bem

bem-acabado
bem-aceito
bem-afamado
bem-agradecido
bem-amado
bem-apanhado
bem-apessoado
bem-arranjado
bem-arrumado
bem-aventurado
bem-comportado
bem-criado
bem-disposto
bem-dormido
bem-dotado
bem-educado
bem-falante
bem-feito
bem-humorado
bem-intencionado
bem-mandado
bem-nascido
bem-parecido
bem-posto
bem-proporcionado
bem-soante (sonante)
bem-sucedido
bem-visto

Adjetivos com o prefixo Mal

(junto)
malcasado
malcheiroso
malcomportado
malconceituado
malconservado
malcriado
malcuidado
maldisposto
malfadado
malfalado
malfeito
malformado
malvarrido
malnutrido
malparecido
malpassado
malposto
malsatisfeito
malsonante
malsucedido
malvestido
malvisto

(com hífen)
mal-acabado
mal-aconselhado
mal-afamado
mal-afeiçoado
mal-afortunado
mal-agradecido
mal-ajambrado
mal-ajeitado
mal-amado
mal-apanhado
mal-apessoado
mal-arranjado
mal-arrumado
mal-assombrado
mal-aventurado
mal-avisado
mal-empregado
mal-encarado
mal-entendido (adj.e subst.)
mal-humorado
mal-intencionado
mal-usado

IV – CASOS ESPECIAIS

Nesta etapa abordamos alguns casos específicos que, em razão de polêmica ou de divergências em torno do hífen, requerem uma discussão destacada. Não há consenso em muitos deles – daí encontrarmos diferentes registros, até mesmo nos dicionários – seja porque ensejam dupla interpretação, seja pela dificuldade de se classificar um dado termo que entra na composição. O problema, evidentemente, está na marcação escrita, já que na fala o hífen não faz a menor diferença.

Depois de uma busca rigorosa em vários dicionários e em alguns textos da mídia, fizemos a sequência da apresentação, juntando em um só item os casos que têm pontos em comum.

15. Geral

O Acordo Ortográfico 2009 não traz nenhuma regra sobre a composição de palavras com o adjetivo *geral*. No entanto, a 5ª edição do VOLP registra consulado-geral, cônsul-geral, diretor--geral, diretoria-geral, secretaria-geral, secretariado-geral, secretário-geral, procurador-geral, procuradoria-geral, superintendente--geral e superior-geral.

O uso dessas palavras com hífen, todavia, não está disseminado na população, ainda que grande parte dos jornais adote a orientação do VOLP. O fato é que o hífen não se justifica, uma vez que *geral* é um simples adjetivo, assim como o são *adjunto, administrativo, técnico, auxiliar, substituto*, por exemplo.

Aparentemente, qual a diferença entre *secretária-geral* e *secretária executiva*? Nenhuma – o princípio gramatical é o mesmo. Se se escreve *diretor administrativo, diretor técnico, gerente financeiro, juiz auxiliar, secretário adjunto*, não há por que hifenizar *diretor geral, corregedor geral, procurador geral, secretário geral*.

Já nos compostos *diretor-presidente, diretor-superintendente, diretor-gerente*, a situação é outra – temos aí **dois substantivos** expressando um acúmulo de funções.

Portanto, a lógica gramatical pede que se escreva assim:

O **diretor-presidente** pediu ao **diretor adjunto** que convocasse o **secretário geral** para uma reunião de emergência.

A **editora-chefe adjunta** solicitou um parecer ao **juiz substituto**.

O relatório foi encaminhado à **Corregedoria Geral**.

A **direção geral** do Instituto resolveu contratar mais dez **auxiliares administrativos**.

16. Mestre e anfíbio

A educação é a **mola mestra** do desenvolvimento.

As encomendas do Iraque foram uma das **molas mestras** da indústria bélica nos anos 80.

Noticiou-se que um **ônibus anfíbio** está em teste na Escócia.

O estaleiro construirá, por encomenda, uma **embarcação anfíbia**.

O hífen não é usado porque, nesses casos, tanto *mestre* quanto *anfíbio* são ADJETIVOS. Como tal, *mestre* significa "o principal, o fundamental, o mais importante"; e *anfíbio*, "que pode viver ou andar tanto na terra quanto na água".

OUTROS EXEMPLOS: viga mestra, travessão mestre, projetos mestres, criações mestras; avião anfíbio, vida anfíbia.

17. Pirata

Com o sentido de "copiado sem autorização legal, clandestino", *pirata* é ADJETIVO de dois gêneros (serve para o masculino e o feminino). Tem plural. Não se liga por hífen.

Foram apreendidas 500 **fitas piratas** no porto.

Era **cópia pirata** – não comprei.

A presença de um **navio pirata** em alto-mar deixou a polícia costeira alerta.

Poderíamos nos perguntar por que *navio-escola* tem hífen se *navio pirata* não precisa ter? Relembrando: o primeiro caso se refere a um navio que serve de escola – são dois substantivos formando um só (pl. *navios-escola/navios-escolas*); o segundo indica um navio que tem a qualidade de contrabandeado ou pirateado – é um substantivo adjetivado (pl. *navios piratas*).

OUTROS EXEMPLOS: livro pirata, CD pirata, vídeos piratas, edições piratas.

18. Modelo e chave

O "Albert Einsten" é considerado **hospital-modelo.**

No resumo devem constar as **palavras-chave** da tese ou dissertação.

Aqui temos dois casos típicos de SUBSTANTIVO + SUBSTANTIVO em que o segundo é determinante do primeiro: trata-se de hospital que serve de modelo e de palavra que serve de "chave" e por isso é importante, decisiva, estratégica.

O plural pode ser feito de dois modos: *hospitais-modelo* ou *hospitais-modelos*; *palavras-chave* ou *palavras-chaves*. Por questão de eufonia, o primeiro plural é o mais recomendável.

OUTROS EXEMPLOS: escolas-modelo(s), pontos-chave(s), tema-chave, instituição-chave.

19. Satélite

Como SUBSTANTIVO, significando aquilo que vive na dependência de outrem, a palavra *satélite* liga-se por hífen ao substantivo antecedente.

Toda **cidade-satélite** da Capital passará a receber incentivos fiscais, estabelece o decreto.

Neste caso, há plural duplo: cidades-satélite e cidades-satélites.

Como ADJETIVO, refere-se a "país, Estado, nação que, embora formalmente independente, depende, em suas decisões de maior importância e alcance, das posições de outro país, Estado ou nação", e não se liga por hífen, a exemplo dos demais adjetivos.

A geopolítica americana pressupunha concentrações absolutas de poder nos **países satélites**.

20. Mãe

O substantivo *mãe* pode ser usado como determinante específico, com o sentido de "fonte ou origem; principal, superior". Emprega-se o hífen preferencialmente.

O latim é a **língua-mãe** do português.

OUTROS EXEMPLOS: células-mãe(s), convênio-mãe, empresa-mãe, ideias-mãe(s), nave-mãe, placa-mãe.

21. Relâmpago e padrão

Os substantivos *relâmpago* e *padrão* são determinantes específicos, invariáveis, geralmente ligados por hífen (as duas formas são encontradas).

Foram vítimas de um **sequestro-relâmpago** em Tabatinga.

Documentos apreendidos na casa da ex-mulher detalham **viagens relâmpago** a paraísos fiscais.

Posso saber qual é o **localizador padrão?**

Recomenda-se redigir conforme **ofício-padrão** do Ministério.

OUTROS EXEMPLOS: visita relâmpago, teste relâmpago, comícios-relâmpago; desconto-padrão, carta-padrão, formulário-padrão, situação-padrão, língua padrão, normas-padrão, desvios padrão, procedimentos padrão.

22. Piloto e fantasma

O SUBSTANTIVO *piloto*, "que serve de modelo ou campo de experimentação", e o SUBSTANTIVO *fantasma*, "fictício, inexistente", quando pospostos a outros substantivos são determinantes específicos, com valor de adjetivo, e podem ou não ser ligados por hífen. O plural do determinante também é facultativo.

O **plano-piloto** da nova cidade foi aprovado com atraso.

A ideia é montar um **programa de TV piloto**.

A prefeitura finalmente exonerou seus **funcionários fantasmas**.

Com tanta **empresa-fantasma** por aí, não é de admirar que a lavagem do dinheiro do narcotráfico seja tão facilitada.

Metade de sua fortuna está espalhada em **contas-fantasmas** de norte a sul do país.

OUTROS EXEMPLOS: projeto-piloto, usina piloto, produtos piloto; trem--fantasma, policiais-fantasma, navios fantasmas.

23. Apositivos

Denomina-se de *apositivo* a palavra ou locução invariável que condensa uma frase de teor adjetivo, funcionando como aposto. Por exemplo, em vez de mencionar leis "que combatem o uso dos cigarros", diz-se apenas *leis antifumo*; e um veículo que "não rodou nenhum quilômetro" é um *zero-quilômetro*.

Vestiu uma **camisa esporte** e saiu por aí...

Precisamos evitar a emissão de gases do **efeito estufa** provenientes da atividade industrial.

A criação do patamar máximo gera um **efeito cascata** nos salários do funcionalismo.

Sua arte proporciona uma viagem sensorial através de **efeitos multimídia** e ilusões de ótica.

As **medidas antifumo** têm sido bem recebidas em todo o país.

Foram encaminhadas à Câmara duas **leis antidroga**.

A venda de **carros zero-quilômetro** aumentou no último mês.

24. Prodígio, fruto e outros

Grande virtuose no piano, Prokofiev foi rigorosamente um **menino prodígio**.

Benazhir Bhutto foi a primeira **líder mulher** de uma nação islâmica moderna.

Em cinco anos de casamento tiveram quatro **filhos homens**.

O **tema objeto** da minha dissertação de mestrado é a formação de professores de português.

No livro ele relatou uma **experiência fruto** de anos de trabalho.

Em todos esses casos temos DOIS SUBSTANTIVOS lado a lado que aparentemente formam uma unidade semântica. Mas não – eles são independentes. A prova disso é que os dois termos juntos não configuram uma nova palavra, não ganham nova conotação, como em *hospital-escola, caneta-tinteiro, carta-convite, clube-empresa, ofício-resposta* etc. Acrescente-se a isso o fato de que se pode intercalar palavras entre ambos os termos. Geralmente subentende-se o pronome relativo *que + verbo ser*: menino que é prodígio; líder que é mulher; filhos que são homens; tema que é o objeto; experiência que foi fruto de anos de trabalho. Não vale aqui o argumento do substantivo "que serve de": o menino é prodígio mas não serve de prodígio; o filho é homem mas não serve de homem.

Observo ainda que o plural – como vimos no exemplo *filhos homens* – é feito normalmente. Contudo, *objeto* e *fruto* ficam melhor no singular em qualquer situação: os temas *objeto* do discurso, as pesquisas *objeto* da sua monografia; os trabalhos *fruto* de sua vivência no exterior, as experiências *fruto* de sua luta diária.

EXERCÍCIOS

VÍRGULA

CAPÍTULO I - A VÍRGULA ENTRE TERMOS DA ORAÇÃO

1. Observando se a frase está redigida na ordem direta, anule as vírgulas erradas:

a. O processo de se redescobrirem como cidadãos, é também consequência das mudanças ali realizadas.

b. Todos os que chegaram naqueles dias, se lembram da aventura que fizemos.

c. Com a Tropicália ele possibilita aos visitantes desse grande conjunto de Penetráveis, o livre exercício da criação.

d. O recinto imaginado dentro da comunidade Barracão, era extraído diretamente da favela.

e. Abrir as portas do mundo infantil e trilhar labirintos percorridos em diferentes tempos, exige determinadas condutas.

f. O art. 7°, do Decreto n° 2.284, determina que a multa seja paga no prazo de um mês.

g. Uma política cambial mais agressiva, incentivará a expansão, dos produtos de exportação.

h. Os interessados em participar do concurso, poderão obter maiores informações, na secretaria do clube.

i. As questões incluídas nos módulos, têm como objetivo a melhor absorção dos itens do programa e a maior conscientização dos alunos, para a importância dos temas tratados.

2. Reescreva os períodos abaixo com as intercalações sugeridas, virgulando-os corretamente:

a. A cidade italiana de Florença receberá uma verba astronômica para financiar a temporada artística. (designada Capital da Cultura pela Comunidade Econômica Europeia)

b. A interferência do presidente demonstra imaturidade política. (no entender do líder estudantil)

c. Foi aí que Osmar tomou do microfone e fez seu apelo. (num tom melancólico e desesperado)

d. O novo laboratório poderá ser usado por todos os alunos. (denominado "Lar Científico")

e. Ribeirão da Ilha e Santo Antônio de Lisboa guardam traços da colonização açoriana. (respectivamente ao sul e oeste da ilha)

3. Agora, faça o reconhecimento das orações ou elementos intercalados, encaixando-os entre duas vírgulas:

a. Quem entra naquela casa seja brasileiro ou estrangeiro é recebido com muita simpatia.

b. A sonda Mariner-10 que parou de funcionar no dia 24 de março de 1975 mostrou grandes crateras na superfície de Mercúrio.

c. O cineclube juntamente com a Associação de Críticos de Cinema pretende realizar uma grande exibição de filmes Super-8.

d. Até Pelé do alto dos seus 60 anos colocou-se como alternativa.

e. O nosso Curso reconhecido de utilidade pública pela Lei 410/80 conta com capacitada equipe de professores especializados.

4. Coloque as vírgulas necessárias:

a. Faça sozinho ou melhor faça como quiser.

b. Com o seu cartão você acessa os serviços do banco as 24 horas do dia.Quer dizer resolve toda a sua vida bancária.

c. Há ainda a estabilidade no emprego qual seja a garantia de não ser despedido por motivos fúteis.

d. A principal contribuição do SIMPLES é a diminuição do risco referente ao custo da mão de obra ou seja o INSS passa a ser sobre a receita e não sobre a folha.

e. Não é o pedir mas é a fé que cura as doenças isto é a certeza da cura é que produz a cura.

5. Use uma ou duas vírgulas nos vocativos:

a. E agora José?

b. É inútil homens o inimigo nos encurralou.

c. Manuel pode ir embora.

d. Não é João?

e. Foi você Antônio quem ganhou a corrida?

f. Ouvi ó céus as minhas súplicas.

g. Escute aqui seu malandro que história é essa?

h. Quando é que o senhor pode nos receber Governador?

i. Este caso meu senhor deve ser tratado com o gerente.

j. Papai estou esperando uma carta sua.

6. Use *uma* ou *duas* vírgulas nas orações abaixo, quando necessário:

a. Realmente ficamos satisfeitos com o produto.

b. O montante complementar do valor apurado em março será pago em moeda corrente nacional quando da formalização do plano.

c. Em atenção ao ofício que nos encaminhou nesta data dirigimos ao Ministro pedido de emprego para seu sobrinho.

d. Em Coimbra desde aqueles tempos até agora os cursos de Direito mantêm-se em destaque.

e. Foi exposta aqui ontem a falta de sustentação da tese governamental de que o consumo exagerado prejudica as exportações.

f. Joãozinho não sabe ainda o que vai ser.

g. Ele pensa que ainda é o maioral.

h. O Banco Central também expediu circular sobre a matéria.

7. Coloque a vírgula quando for o caso:

a. Sua mãe Maria Arminda fez o primário no município baiano de Itambé.

b. Zé Diabo pretende esculpir na pedra o busto do ex-governador de Santa Catarina Esperidião Amin.

c. Causou escândalo a proposta do ex-professor da Escola Superior de Guerra José da Silva de desmilitarizar a Polícia Militar.

d. O filho do primeiro presidente do antigo Tribunal de Costumes Fernão Eiras Manuel pretendia seguir a carreira do pai.

e. O livro de Wilhelm Reich *Psicologia de massas do fascismo* (1933) faz uma análise brilhante das causas da ascensão de Hitler.

8. Use a vírgula onde for *necessário*:

a. Os recursos foram aplicados em alimentos vestuário medicamentos utensílios domésticos e material escolar.

b. O seu genro não possui terras no Ceará nem em qualquer outro Estado.

c. O sigilo bancário suíço tem sido ameaçado por uma crescente discreta e eficaz pressão da Justiça.

d. Fez o retrato mais completo sutil irônico verdadeiro e humano que já vi.

e. Aviador jornalista fotógrafo chofer de táxi e caminhão boxeador ferroviário produtor e ator de teatro dentista oficial da Marinha policial James Cagney percorreu todas as escalas sociais.

CAPÍTULO II - A VÍRGULA ENTRE ORAÇÕES

1. Adicione uma vírgula a cada período:

a. Saem as mulheres e os homens ficam para um último drinque.

b. Enquanto seu pai tinha 12 filhos roçando junto, o referido agricultor tem apenas um e a esposa não pode ajudar na lavoura.

c. André Matarazzo foi morar com os avós maternos e a cantora, que havia se dedicado de corpo e alma à carreira artística, continuou a enfrentar preconceitos e dissabores.

d. Os problemas econômicos não vão desaparecer só porque o governo decidiu suspender o pagamento do que está devendo e incentivar ilusões deste porte seria apenas um exercício de irresponsabilidade e demagogia.

e. Quanto à citada lei, ver art. 37, §§ 1º e 2º e também a Lei 8.666/93.

2. Use a vírgula quando convier:

a. O novo mensageiro é lento mas eficiente.

b. O filme pede um final trágico mas o diretor mantém-se fiel ao seu estilo romântico.

c. Essa é uma prova cabal do nosso lento porém firme amadurecimento cultural.

d. Dois episódios diferentes unidos pelo tempo mas separados no espaço serviram de base para a novela.

e. Ela reclama de mim mas vive se preocupando comigo.

3. Virgule as orações abaixo corretamente:

a. É uma pessoa interessante. Fala muito **porém**.

b. Achamos muitas coisas erradas. **Contudo** mudar não é possível.

c. Trata-se de um clube só para sócios; **portanto** não podemos entrar.

d. Os policiais aceitaram a proposta de 14% de reajuste **porém** não admitem que o pagamento seja parcelado.

e. Não é esse **contudo** o motivo que me traz à sua presença.

f. Todo homem é mortal. **Logo** sou mortal.

g. **No entanto** não podemos afirmar que todas essas instituições serão contempladas com verbas.

h. Não vemos **entretanto** o que analisar.

i. Diríamos **portanto** a esse jovem sacerdote que converta sua ambição ao serviço de Deus.

j. Há **todavia** o maior interesse em arregimentar novos sócios.

4. Nas frases abaixo você deve deslocar a oração adverbial intercalada para o início do período, separando-a da principal por uma vírgula:

a. Achei melhor, como todo mundo elogia a garota, não contar a ninguém o seu erro.

b. Todos os alunos desta sala, conforme atestam os boletins, são superdotados.

c. Ficaremos em casa e, se todos concordarem, tomaremos chimarrão.

d. Esses produtos de alta tecnologia, embora já estejam disponíveis no Brasil, representam um passo decisivo na fotoquímica.

e. A droga, ainda que muito maligna, circula no meio de milhares de jovens.

5. Coloque *uma* vírgula na oração deslocada e *duas* na oração intercalada:

a. Embora procure se concentrar à beira-mar o brasileiro parece preferir os esportes terrestres.

b. As conferências agora publicadas não escapam à condição de trailer ainda que o trailer seja bom.

c. O importante segundo os especialistas é que o iniciante faça um bom curso antes de comprar um barco.

d. Se você tiver dúvidas consulte o dicionário.

e. Depois que saiu o novo pacote os brasileiros restringiram as compras.

6. Virgule se necessário:

a. Oito usinas foram fechadas deixando sem trabalho milhares de agricultores.

b. Deslumbrou Paris desfilando num microvestido de paetês.

c. Estudando as lições atentamente qualquer um aprende.

d. A Terra é uma crosta flutuando sobre rocha derretida.

e. Hermínio vai apresentar proposta ressaltando que a rede de telecomunicações é um bem público.

7. Use as vírgulas necessárias nos períodos abaixo:

a. Sua mãe que é professora universitária e portanto esclarecida ainda o controla à distância.

b. O evento que é patrocinado por empresas locais não contou com o apoio da Prefeitura.

c. Nas cidades existem profissões consideradas femininas cuja remuneração é sempre inferior.

d. Tanto a filha Catarina quanto o filho Paulo a quem ela havia abandonado recém-nascido continuam a mantê-la e a pagar suas dívidas.

e. Como Hillary Clinton que se deslocou do papel tradicional de primeira-dama para conduzir um programa revolucionário de saúde Ruth Cardoso reinventou seu papel.

8. Nos períodos abaixo você tanto encontrará orações restritivas quanto explicativas. Indique somente as *explicativas*, colocando-as entre vírgulas:

a. Aquele baterista que você conheceu ontem músico desde os 8 anos está se apresentando no "Le Batuque".

b. A Gênesis uma das maiores clínicas especializadas do país intensificará o trabalho com mulheres que poderiam ser doadoras.

c. Na reunião de que participei comentada até pelos jornais só foram discutidos assuntos econômicos.

d. Resolve deixar tudo para trás e começar vida nova num país que sempre considerou inimigo.

e. Está decidido a vir morar no Brasil país que sempre admirou tão logo se aposente.

9. Sublinhe, nos períodos abaixo, as frases ou elementos que poderiam ser intercalados com duas vírgulas, caso fosse essa a preferência do redator:

a. D. João ao chegar ao Brasil tomou uma série de medidas que contribuíram para o desenvolvimento do país.

b. Comer menos e praticar esportes são em resumo as condições básicas para emagrecer.

c. Há em consequência um descontentamento generalizado.

d. Cresceu a família e obviamente os gastos aumentaram.

e. Como foi então que deixou esgotar assim tão cedo sua paciência?

f. Vimos pelo presente solicitar a Vossa Excelência a liberação dos recursos prometidos.

g. Realizamos no período de 10 a 20 de agosto a contratação de mais 200 empregados.

h. Atesto para os devidos fins que o portador é pessoa de inteira confiança.

i. Os candidatos apresentam em anexo o seu currículo profissional.

j. Disse também que esse caso seria levado ao conhecimento da direção do Instituto.

10. Certo ou errado? Assinale a opção correta.

a. A graça da história está no equilíbrio entre o humor, bem conduzido por Whoopi, e o suspense, que não poderia faltar num filme de espionagem.

( ) CERTO ( ) ERRADO

b. A música inebria. É ouvir, e chorar.

( ) CERTO ( ) ERRADO

c. Envio-lhe um exemplar de *Cultura e liberdade*, editado pela Imprensa Oficial de Minas, e que reúne artigos e discursos ligados ao Fórum Cultural.

(   ) CERTO (   ) ERRADO

d. Os professores Rodolfo e Romero foram nomeados, respectivamente, para as pastas de Pesquisa e Extensão e Ensino.

(   ) CERTO (   ) ERRADO

11. Use *três* vírgulas em cada período, mesmo que sejam optativas:

a. Assim por exemplo a taxa de manutenção ficará congelada até março do próximo ano quando voltaremos a entrar em contato com Vossa Senhoria.

b. Agora está satisfeito o referido ministro que através dessa obra pretende deixar sua marca no governo.

c. Pedimos portanto que utilize o cupom impresso no corpo do jornal preenchendo os espaços indicados com letra de forma.

d. A revolução cultural chega finalmente ao Oeste do Brasil onde se viam raríssimos museus até há bem pouco.

e. Quem contou o caso foi a irmã do Rudernei vulgo Rude. Ele aliás é considerado um homem bom e amável entre os companheiros de cela.

12. Todos os dez períodos abaixo comportariam uma ou duas vírgulas – optativas. Mas só dois realmente precisam de vírgulas. Assinale com *X* o período que deve ter *uma* vírgula obrigatória e com *O* o que deve ter *duas*.

a. Não vejo todavia necessidade de levarmos a sacola de lanches.

b. Assim por exemplo deveriam ser feitos todos os moldes.

c. Está apostando no novo negócio no qual vai investir mais de um milhão de dólares.

d. Em síntese podemos afirmar que a toxidade na lavoura tem de ser urgentemente combatida.

e. A indicação do senhor deputado merece por parte dessa Secretaria atenção especial.

f. As vendas serão feitas na Matriz em horário comercial e na Filial das 12 h às 20 h até o dia 26.

g. O que torna o espetáculo envolvente e dinâmico é sobretudo a variedade do repertório.

h. O governo criou ainda programas de mutirão e reurbanização.

i. Hoje a poucos dias da eleição a situação inverteu-se.

j. Quando se traduz é preciso reproduzir o tom.

1. Reescreva as frases, substituindo a palavra destacada – masculina – pela palavra entre parênteses – feminina. Naturalmente será necessário alterar a combinação da preposição com o artigo (*ao/aos*) que a antecede:

a. O cupom deve ser devolvido ao **Centro** Nacional de Numerologia. (Associação)

b. Há uma lei que estipula ao **trabalhador** seis meses de contribuição para ter voz e voto no sindicato. (classe)

c. Nossa Companhia levará ao **palco** uma nova comédia. (cena)

d. Transmitiu ao **patrão** os agradecimentos de toda a equipe. (patroa)

e. Muitos políticos acorreram ao **Palácio** para a solenidade de posse do governador. (sede do Governo)

f. Subiram ao primeiro **andar** e foram diretamente ao **gabinete** do diretor. (plataforma / sala)

g. Essas medidas proporcionarão ao **povo** melhores condições de saúde. (população)

h. Tais providências se ajustam aos **anseios** da classe média. (necessidades)

i. O orador se referiu aos **tipos** em extinção. (espécies)

j. O senhor atribui alguma importância ao **desenvolvimento** de um novo modelo? (criação)

2. Observe o esquema: para = *a*, para + a = *à*, para + o = *ao*. Agora, reescreva as frases seguintes, fazendo a devida substituição:

a. Doou **para a** Casa de Cultura vários livros de arte.

b. Foi **para a** cidade a pé.

c. Fomos **para o** centro de carro.

d. Viajou **para** Manaus de avião.

e. Passaremos da pesquisa **para as** atividades de produção.

f. Em seu discurso **para a** Nação, ela foi bastante otimista.

g. Não vou mais **para a** escola.

h. Dirigiu-se **para** um público entediado.

i. Voltou **para** casa cedo.

j. A entrevista serviu **para a** promoção da sua imagem.

3. Preencha as lacunas com *a, ao(s) ou à(s)*:

a. Selma voltou ... ilha depois de semanas ausentes.

b. A massagem descontrai, levando a mente ... aquietamento e ... paz.

c. Vamos brindar ... saúde de todos.

d. É preciso enviar ... Nova Iorque a documentação toda.

e. A distribuição de leite em pó limitou-se ... famílias com filhos menores de dois anos.

f. Respondi ... carta pessoalmente.

g. Faltou ... medida certa de trigo para o bolo crescer.

h. Faltou ... aula de Educação Física.

i. Gostaria de dedicar-me ... um projeto semelhante ao seu.

j. Sandra alia a formosura ... bom gosto; o charme ... inteligência.

k. Quando viajei ... Europa, fui ... Roma só para ver o Papa.

l. A propaganda induz o consumidor ... compra ... prazo.

m. Solicitamos ... remessa ... escritórios em São Paulo das notas de aval.

n. Foram expedidas várias mensagens ... Luiz Inácio Lula da Silva.

o. Pediu para assistir ... conferência comigo.

4. Se você já corrigiu o exercício anterior e leu os comentários, passe à atividade seguinte, preenchendo as lacunas da mesma forma – com *a, ao(s),* ou *à(s)*:

a. Vamos todos ao teatro. Afinal, não é sempre que se tem a oportunidade de assistir ... Fernanda Montenegro.

b. Os temas foram submetidos ... votação nos comitês temáticos em que se dividiu a Comissão de Estudos.

c. Os temas discutidos serão submetidos ... votação de toda a Comissão em reunião plenária.

d. Sabe-se que no século XIX foram levados ... cena somente dramas e comédias no Teatro Santa Isabel.

e. Ficamos ... disposição de Vossa Senhoria.

f. Estamos nos adequando ... normas regimentais do condomínio.

g. O curso objetiva atender ... necessidades psicológicas da criança.

h. Por favor, peça papel ... secretária ou ... digitador.

i. Não suporto crianças que fazem barulho e batem ... porta.

j. Não suporto esses vendedores que, depois do almoço, batem ... porta.

5. Preencha as lacunas com *à* ou *as* e identifique (escrevendo nos parênteses) o substantivo oculto, conforme exemplo:

Minha casa não se compara ... do vizinho. (...)

Minha casa não se compara **à** do vizinho. (casa)

a. Não vou à barraca de frutas mas sim ... de verduras. (...)

b. Prefere a novela das 19h ... das 20h. (...)

c. Ouvimos uma voz que se igualava ... que você tinha em criança.(...)

d. A festa de Natal este ano equivaleu ... de 1985. (...)

e. Sujeitou-se tanto às sessões de curativo como ... de fisioterapia. (...)

6. Reescreva as frases, nas quais a palavra destacada deve ser substituída por aquela dada entre parênteses. Observe a alteração de *ao* para *à*:

a. Foi fechado o acesso ao **túnel**. (ponte)

b. Diga adeus ao velho **casarão.** (escola)

c. José foi solicitado a dar parecer favorável ao **pagamento** das alíquotas antes do prazo. (cobrança)

d. Faremos a convocação em cumprimento ao **item** 9.6 do edital público. (alínea)

e. O governo liberou verbas destinadas ao **restauro** do patrimônio atingido pelas cheias. (recuperação)

f. Vinha anunciando incursões bem-sucedidas em redutos tradicionalmente ligados ao **clero**. (nobreza)

g. É necessária sua filiação ao **sindicato**. (associação de funcionários)

h. A venda de *best-sellers* está restrita aos **supermercados**. (bancas de revistas)

i. Não impôs nenhuma sanção aos **artefatos** estrangeiros. (obras)

j. O amor ao **belo** se aprende desde pequeno. (arte)

k. As demissões estão sujeitas ao **consentimento** do Conselho Superior. (aprovação)

l. Fez sua adesão ao **motim** um pouco tarde. (greve)

m. A Polícia Federal está fazendo um cerco aos **contrabandos**. (fraudes)

n. Nota-se uma tendência geral ao **desvario**. (loucura)

o. Na pele da personagem, ele foge aos **deveres**. (responsabilidades)

7. Use a simples preposição *a* ou o a craseado *(à)* na frente dos nomes de cidades, estados e países:

a. Fez uma viagem ... Paris.

b. Fez uma bela viagem ... Itália.

c. Fez uma excursão ... Brasília.

d. Fez uma linda excursão ... Recife.

e. Foi ontem ... Santa Catarina.

f. Foi mais uma vez ... Índia.

g. Foi várias vezes ... Congonhas do Campo.

h. Foi uma vez ... Rússia.

i. Não conseguiu ir ... Manaus.

j. Fiz várias viagens ... Foz do Iguaçu.

8. **Use *à* ou *ao*:**

a. Parece insensível ... dor e ... cansaço.

b. Os festejos eram alusivos ... grande acontecimento e ... data magna do cristianismo.

c. Em várias ordens se encontra o culto ... trabalho e ... disciplina.

d. Ninguém entendeu sua renúncia ... esplendor e ... glória da vida na realeza.

e. Fez excelentes referências ... nova administradora.

f. Protestamos contra a censura imposta ... filme e ... exibição do vídeo.

g. Foi um insulto direto ... população católica, ... comunidade judaica e ... clero.

h. A Fundação é vinculada ... Secretaria de Obras do Município.

i. Quando houver crise relacionada ... tráfico de influências ou ... divulgação dos segredos da firma, avise-me.

j. Isso é pouco útil ... formação de uma cidadania consciente.

9. **Use *a* ou *à*:**

a. A distribuição de feijão está limitada ... zona pobre da cidade.

b. Nossa programação está sujeita ...confirmação.

c. Os recursos provenientes da União, somados ... outras dotações do governo estadual e ... capacidade de trabalho da nossa gente, permitiram a rápida reparação de vários setores do Estado.

d. Pagando o valor total, nosso associado tem direito ... entrada livre em todos os filmes exibidos durante o semestre.

e. Os estandes da feira de moda estarão abertos ... visitação pública a partir de amanhã.

f. Os ataques ... indústria farmacêutica e ... tais práticas são infundados.

g. O jovem casal oferece sua residência ...Rua Viale nº 30, Jardim América.

h. Foi para ... Itália fazer cursos em restauração de móveis.

i. Veio ... público manifestar seu repúdio ... maneira como foram decretadas as novas leis de abastecimento.

j. A palestra de hoje diz respeito ... formação pré-escolar e ... algumas soluções para melhorar esse nível de ensino.

obs.: Caso você tenha tido dúvidas para distinguir se a partícula que antecede o substantivo é um *a craseado* ou uma pura preposição, estude o ARTIFÍCIO dado na p. 57 e 71 e refaça o exercício antes de ir à solução.

10. Complete as locuções prepositivas abaixo com a pura preposição *a*, com a crase *à(s)* ou com *ao(s)*:

a. Em relação ... solicitação de emprego que V. Sª. nos fez, nada podemos adiantar.

b. Qual seu interesse em relação ... moça que está no seu gabinete?

c. Qual seu interesse relativamente ... tabelas afixadas no mural?

d. Qual foi sua atitude com respeito ... difamação?

e. Não entendi a alegria do rapaz com respeito ... não classificação no vestibular.

f. Viajou em direção ... fronteira.

g. Internado um dia antes no sanatório, pulou a janela e saiu em direção ... casa.

h. Foi em direção ... porta.

i. Estacionou junto ... meio-fio.

j. Estou próximo ... uma aposentadoria merecida.

k. O carro pifou próximo ... rua onde morava.

l. Face ... excelente desempenho das vendedoras, a firma resolveu dar a elas três dias de licença-prêmio.

m. Face ... necessidades detectadas, novas prioridades devem ser estabelecidas.

n. Iremos até ... últimas consequências.

o. Foi até ... pé do altar, mas acabou não se casando.

p. Em atenção ... reclamação formulada por sua empresa, faremos a revisão do produto.

q. Enviamos uma cópia da nota fiscal, em atenção ... pedido formulado pela gerência dessa firma.

r. É uma agressão ao patrimônio a colocação de asfalto defronte ... Palácio.

s. Vamos nos encontrar defronte ... barbearia do Luís.

t. Qualquer matéria com referência ... música minimalista é de interesse do nosso jornal.

11. Para sentir a equivalência de certas preposições, substitua aquela grifada pela preposição *a* combinada com o artigo *a* ou *o*, como no exemplo: Parei na página 41. → Parei à página 41.

a. O vigia trabalha **durante a** noite.

b. Só se lembrou de cumprimentar a anfitrião **na** saída.

c. **Durante a** tardinha, a caravana parou.

d. Quem antes só andava **pela** sombra, agora pode andar **pelo** sol.

e. A cidade tenta correr **na** frente do seu tempo sem destruir o seu passado.

f. Combateremos **na** sombra.

g. Este artigo expressa **com** perfeição o meu pensamento.

h. Seu último filme não está **na** altura de seu talento.

i. Desse jeito, ele vai nos matar **de** fome.

j. O bordado da gola foi feito **com a** mão.

k. Verifique **na** pág. 10.

l. Confira **nas** folhas 3 e 4.

12. Substitua a expressão de tempo iniciada com a preposição *em* pela mesma expressão com a crase (ou *ao*, se masculina):

a. **Naquela altura** dos acontecimentos, ninguém se lembrou do cachorro.

b. Este vestido custou, **na época**, mil cruzeiros.

c. **Na oportunidade**, envio-lhe meus cumprimentos.

d. **No ensejo**, reitero minhas cordiais saudações.

e. Chegamos quase **na mesma hora**.

f. Não fui receber o senador porque, **na ocasião**, preferi mudar de Partido.

13. Quanto às horas, veja como anda seu conhecimento colocando *a(s), à(s), ao(s)* nas lacunas ou deixando-as inalteradas:

a. O Museu Histórico abre somente ... 14 horas.

b. O espetáculo acabou ... meia-noite.

c. A lanchonete serve almoço comercial ... meio-dia.

d. Vou te esperar defronte ao cinema ... oito da noite.

e. O embarque está previsto para ... 23h30.

f. Só espero até ... 10 horas.

g. Servimos jantar das 18 .... 21 h.

h. O atendimento externo é feito entre ... 15 e ... 19 horas.

i. Ficou aguardando o avião entre ... duas e três horas.

j. Saiu apressado, mais ou menos ... 1 hora da tarde.

k. A reunião foi marcada para ... nove e meia, sem atraso.

l. Não sai ninguém do prédio após ... 22 horas.

m. São ... 6h45min, agora.

n. ... que horas devo te buscar?

14. Preencha os claros com *a, ao(s)* ou *à(s)*, mantendo a coerência entre os dois substantivos ligados pela preposição:

a. O texto se destina a adolescentes de 6ª ... 8ª série.

b. Restaurante aberto de segunda ... sexta.

c. Fechamos desta segunda ... quarta-feira da próxima semana.

d. Trabalho de sábado ... domingo.

e. Só sabe contar de 1 ... 10.

f. Estude os textos da página 12 ... 20.

g. Molhou-se dos pés ... cabeça, ou seja, da cabeça .... pés.

h. Estudamos desde os primitivos habitantes ... homens astronautas.

i. Serve a 800 crianças, da pré-escola ... 4ª série, com idade de 4 ... 14 anos.

j. Dr. Marcos dará plantão da próxima terça ... sábado seguinte.

k. Os quadros estarão expostos de 20 de abril ... 1º de maio.

l. Você pode fazer as inscrições das 7 da manhã ... 8 da noite.

15. Complete as frases com àquilo, àquele(s) ou àquela(s):

a. Comprei um vaso semelhante .... que recebi de presente ano passado.

b. Ganhei uma toalha idêntica ... que me deste no Natal.

c. Refiro-me ... que combinamos ontem.

d. Todas as minhas porcelanas são iguais ... que vovó tinha.

e. Todos os diretores devem ficar cientes. Comunique o fato primeiro ... que você acha mais importante.

f. O plano é um desafio ... convenções estabelecidas no acordo.

g. Dirigiu-se ... moça que vimos ontem no noticiário do meio-dia.

h. Agradeço a meus pais e ... que sempre confiaram em mim.

i. Sabes a quem vou escrever? ... amigo de infância que se mudou para Olinda quando estávamos na 6ª série.

j. Prefiro esta proposta .... .

16. Complete as frases só com a preposição *a*(s) ou com a crase:

a. Junte ... este cupom um selo de R$ 5,00.

b. Acrescente ... estas informações o número do seu telefone, por favor.

c. No tapete vermelho que conduzia ... casa, um grupo de crianças lançava flores aos pés dos convidados.

d. Fez sua visita dominical ... Casa de Misericórdia.

e. Nos cabelos, usava uma tiara que teria pertencido ... Maria Antonieta, rainha da França.

f. Tão logo o navio atracou, todos desceram ... terra.

g. Disparavam mísseis que caíam de volta ... Terra.

h. Só a porta foi pintada ... óleo.

i. Os usuários de carros ... gasolina estão menos satisfeitos.

j. Solicitamos ... V. Exª. a liberação dos recursos.

PALAVRAS COMPOSTAS

1. Escolha a expressão certa para completar a frase:

a. **meia idade – meia-idade**

Viúva de 30 anos deseja se casar com homem de ... .

b. **meio dia – meio-dia**

Passou apenas ... na fazenda pois tinha um compromisso na cidade à tarde.

c. **meio tempo – meio-tempo**

A cidade era um aglomerado solitário; fiquei lá seis meses e nesse ... fui chamado para trabalhar no ABC.

d. **meia noite – meia-noite**

Chegou antes da zero hora, pois à ... em ponto os portões se fechavam.

e. **meia lua – meia-lua**

A tribo Kraô há 400 anos tem como objeto ritual uma machadinha em forma de ... .

f. **meio fio – meio-fio**

Acabou de costurar com apenas ... .

g. **meia luz – meia-luz**

O jantar se realizou à ... .

h. **meio campo – meio-campo**

O ... Didi foi bicampeão mundial.

i. **meia volta – meia-volta**

Quase no final do percurso, dá ... e desiste de concorrer ao prêmio.

j. **meio termo – meio-termo**

"A barra do amor é que ele é meio ermo / A barra da morte é que ela não tem ... ."

2. Preencha as lacunas formando uma palavra composta com os elementos dados entre parênteses:

a. O ... instalado na sua casa veio abaixo com a última chuvarada. (parar raios)

b. Deixe "A Folha" de sábado no ... que está na sala. (portar revistas)

c. A máquina ... pifou no melhor da festa. (caçar níqueis)

d. O ... quebrou exatamente quando ia abrir as garrafas de vinho. (sacar rolhas)

e. Ganhei um ... de presente no meu aniversário. (portar retratos)

f. A batida foi leve, só o ... amassou. (parar choque)

g. Os decretos do plano de Reforma Agrária estão saindo em ritmo de ... . (contar gotas)

h. O pão e as bolachas podem ser deixados no ... até amanhã. (guardar comida)

i. Recebi de presente um interessante ... . (portar garrafas)

j. Abriu o ... para verificar se as chaves da casa estavam lá. (portar malas)

3. Use o hífen quando necessário:

a. Ana aprendeu não só o **bê á bá** mas todo o abecedário da arte dramática..

b. Muito estranho: com o **arroz doce** serviram **batata palha**.

c. O cineasta gaúcho realizou um excelente **filme ensaio** dentro de um **hospital escola**.

d. Sentiu forte **dor de cabeça** quando viu Luísa com outro, mas não foi por causa da **dor de cotovelo**...

e. Ao se inscrever no concurso, você tem participação garantida no **almoço palestra** promovido pela empresa.

f. D. Ane é diretora de uma **escola modelo**.

g. Não tem direito a **seguro desemprego** nem a **auxílio doença**.

h. A **lua de mel** pareceu-lhes um **conto de fadas**.

i. O sequestro do **mestre sala** e o plágio do **samba enredo** constituíram um insólito **caso verdade** levado ao ar pelo Canal 1.

j. Para diminuir os custos, vamos imprimir o boletim em **papel jornal** e cortar o **papel almaço**.

4. Complete a segunda frase pluralizando a palavra composta destacada:

a. O **guarda-louça** foi pintado de branco.

Os ... foram pintados de branco.

b. Com as novas moedas, o **porta-níquel** voltou à moda.

Com as novas moedas, os ... estão de volta.

c. O **porta-bandeira** da Mangueira esteve brilhante no último carnaval.

Os ... da Mangueira estiveram brilhantes no último carnaval.

d. O **guarda-sol** vermelho e azul é o mais bonito.

Os ... vermelhos e azuis são os mais bonitos.

e. Meu atual colaborador foi **porta-voz** do presidente há alguns anos.

Dois de meus atuais colaboradores foram ... de governos passados.

f. Soltaram um só **busca-pé** na noite de São João.

Soltaram ... e outros fogos de artifício na noite de São João.

g. O sistema financeiro da Habitação é um **quebra-cabeça** para muita gente.

Já o sistema financeiro da Habitação mais o serviço de processamento de dados do governo constituem dois ... .

h. Abriu o **porta-luvas** para pegar os documentos do carro.

Abriram os ... para pegar os documentos dos carros.

i. No Rio dos anos 1920, 700 mil pessoas foram salvas numa cruzada **mata-mosquito**.

No Rio dos anos 1920, 700 mil pessoas foram salvas por cinco mil ... .

5. Primeiramente, para sentir melhor essa formação de palavra, refaça o período substituindo as palavras destacadas por uma palavra composta (dois substantivos) que exprima a mesma ideia:

a. Criou um bonito **samba de enredo.**

b. Um **avião que serve de hospital** sempre acompanha o presidente nas viagens internacionais.

c. Recebi uma amável **carta que serve de convite**.

d. A emissão de **papel para servir de moeda**, se não tiver lastro, provoca inflação.

e. Como a viagem era longa, comprou a passagem em **carro com leito.**

f. Nossa produção de **carvão para vapor** é pequena.

g. O disco é mais sublime na **faixa que lhe dá o título**.

h. A **data do limite** para importação de microprocessadores é 2002.

i. Dez telas famosas estavam atiradas numa **sala de depósito** do museu.

j. As empresas que servem **vale para refeição** têm procurado manter seus lucros.

6. Componha uma palavra com os adjetivos dados entre parênteses, completando a frase:

a. O Grupo Experiência Viva montou um painel ... do período pós-Revolução. (histórico e teatral)

b. O relatório ... deve ser elaborado até o dia 5 de cada mês. (técnico e financeiro)

c. O tratamento ... custeado pelo município é considerado mais do que satisfatório. (médico e ambulatorial)

d. Na peça Xica da Silva salientou-se a astúcia ... da personagem-título. (feminina e popular)

e. O projeto prevê orientação ... a ser dada por especialistas no ramo. (administrativa e financeira)

f. Você deve abater do Imposto de Renda as despesas com assistência ... . (médica e odontológica)

g. A partir da reforma, as indicações para o Tribunal de Contas não deverão sofrer nenhuma influência ... . (política e partidária)

h. O intercâmbio ... com a comunidade trentina prevê a formação de um agronegócio. (técnico e científico)

i. Queremos ampliar nosso conhecimento sobre a organização ... de nossas cidades. (física e espacial)

j. Cabe ao CNJ o controle ... dos membros do Judiciário. (ético e disciplinar)

7. Complete a oração compondo uma palavra com os elementos entre parênteses:

a. As despesas ... daquela intervenção foram consideradas exorbitantes. (médicas e hospitalares)

b. Utilizar o circo como instrumento catalisador e organizador das expressões ... da população foi uma ideia brilhante. (artísticas e culturais)

c. As indústrias ... estão se nacionalizando. (químicas e farmacêuticas)

d. O balé das crianças ... impressionou a todos. (surdas e mudas)

e. Vovó gosta de falar dos serões ... da sua época. (poéticos e musicais)

f. Equipamentos ... foram enviados para o acampamento dos sem-terra. (médicos e odontológicos)

g. Um dos objetivos do orfeão era divulgar músicas de fortes colorações ... . (cívicas, artísticas e culturais)

h. Montou-se um amplo painel sobre a contribuição e as memórias ... . (lusas, africanas e brasileiras)

8. Complete as lacunas com adjetivos pátrios compostos, de acordo com os elementos dados:

a. O tratado de cooperação ... serviu de base às negociações. (inglês e alemão)

b. Durante o império ..., Viena teve uma vida cultural e econômica muito expressiva. (austríaco, húngaro)

c. Antigas trovas ... estão sendo publicadas pela primeira vez. (galegas e portuguesas)

d. Os Montes Urais, na fronteira ..., constituem uma barreira natural entre a China e a Rússia. (chinês e russo)

e. Estudei a fundo o falar ... para escrever minha tese. (francês e provençal)

f. As línguas ..., por sua vez, fizeram parte de outro estudo. (indianas e europeias)

g. Na distante Finlândia vivem alguns casais ... . (finlandeses/fineses e brasileiros)

h. No Brasil temos uma tradição jurídica ... . (romana e alemã)

i. Durante a guerra, forças ... tomaram o controle de Srebrenica. (sérvias e bósnias)

j. Para discutir questões afetas aos dois lados do Atlântico, realizou-se um colóquio ... . (ibérico e sul-americano)

9. Para praticar os uso das cores, complete a frase com o plural da expressão destacada:

a. O terno **azul-escuro** é o preferido dos executivos.

Um bom guarda-roupa deve contemplar dois ternos ... .

b. Um olho é verde e o outro **castanho-claro**.

Seus olhos são ..., me parece.

c. Vestiu um suéter **amarelo-claro**.

Comprou dois suéteres ... para suas netas.

d. Compareceu de uniforme completo: blusa rosa, meia branca e saia **azul-marinho**.

Por favor, vistam os uniformes de gala: blusas rosa, meias brancas e saias ... .

e. Chapeuzinho Vermelho usava chapéu **laranja-escuro**.

Dizem que Chapeuzinho Vermelho usava chapéus ... .

f. Prefiro o tapete **roxo-batata**.

Decorou a loja com tapetes ... surpreendentes.

g. O **azul-piscina** do mar de Armação me impressiona sempre.

Os ... das praias de Santa Catarina são admiráveis.

10. Complete as frases compondo uma palavra com os elementos indicados:

a. TELE + RECEPÇÃO

O ruído da explosão solar só pôde ser ouvido através dos equipamentos de ... .

b. MULTI + PROCESSADOR

O ... de alimentos é uma grande ajuda para a dona de casa.

c. POLI + SÍLABA

"Paralelepípedo" é uma palavra ... .

d. MICRO + ÔNIBUS

Um ... será suficiente para levar os excursionistas à praia.

e. MAXI + SAIAS

... são confortáveis no inverno.

f. MINI + BLUSAS

As ... que vi na vitrine eram de extremo mau gosto.

g. MICRO + COMPUTADOR

O ... nada mais é do que uma ferramenta utilizada pelo homem.

h. BIO + PSIQUIATRIA

Os conhecimentos acumulados pelo homem sobre o funcionamento das células nervosas e o surgimento de aparelhos como o tomógrafo estão selando o advento da ... .

i. MICRO + REGIÕES

O Estado foi dividido em vinte ... sociopolíticas.

j. RADIO + FOTOS

A divulgação foi feita através de ... da Empresa Brasileira de Notícias.

k. TELE + SISTEMA

Os satélites artificiais fazem parte de um ... que visa proporcionar maior integração entre os povos.

l. TRANS + OCEÂNICOS

Apesar do desenvolvimento dos satélites de comunicação, alguns países ainda utilizam o sistema de cabos submarinos ... .

m. HIDRO + MASSAGEM

Aquela rede de lojas colocou em oferta banheiras de ... .

n. AGRO + PECUÁRIA

O governo não mais subsidiará os juros dos recursos a serem investidos na ... de corte e leite.

o. PSICO + SOCIAIS

Estão rastreando os fatores ... e biológicos que tornam as pessoas medrosas e cheias de pânico.

p. MACRO + ECONOMIA

O articulista fez uma boa análise sobre as últimas decisões governamentais e sua influência na ... .

q. PARA + PSICOLOGIA

Através da ... tentam-se explicar fenômenos incompreensíveis à mente humana.

r. NEO + TORCEDOR

Paulo Bauer – ... do Flamengo, segundo o cronista – esteve no Maracanã conferindo o desempenho do seu time.

SOLUÇÃO DOS EXERCÍCIOS

VÍRGULA

CAPÍTULO I – A VÍRGULA ENTRE TERMOS DA ORAÇÃO

1. a. O processo de se redescobrirem como cidadãos é também consequência das mudanças ali realizadas. **b.** Todos os que chegaram naqueles dias se lembram da aventura que fizemos. **c.** Com a Tropicália ele possibilita aos visitantes desse grande conjunto de Penetráveis o livre exercício da criação. **d.** Abrir as portas do mundo infantil e trilhar labirintos percorridos em diferentes tempos exige determinadas condutas. **e.** O art. 7° do Decreto n° 2.284 determina que a multa seja paga no prazo de um mês. **f.** Uma política cambial mais agressiva incentivará a expansão dos produtos de exportação. **g.** Os interessados em participar do concurso poderão obter maiores informações na secretaria do clube. **h.** As questões incluídas nos módulos têm como objetivo a melhor absorção dos itens do programa e a maior conscientização dos alunos para a importância dos temas tratados.

2. a. A cidade italiana de Florença, designada Capital da Cultura pela Comunidade Econômica Europeia, receberá uma verba astronômica para financiar a temporada artística. **b.** A interferência do presidente, no entender do líder estudantil, demonstra imaturidade política. **c.** Foi aí que Osmar tomou do microfone e, num tom melancólico e desesperado, fez seu apelo. **d.** O novo laboratório, denominado "Lar Científico", poderá ser usado por todos os alunos. **e.** Ribeirão da Ilha e Santo Antônio de Lisboa, respectivamente ao sul e oeste da ilha, guardam traços da colonização açoriana.

3. a. Quem entra naquela casa, seja brasileiro ou estrangeiro, é recebido com muita simpatia. **b.** A sonda Mariner-10, que parou de funcionar no dia 24 de março de 1975, mostrou grandes crateras na superfície de Mercúrio. **c.** O cineclube, juntamente com a Associação de Críticos de Cinema, pretende realizar uma grande exibição de filmes Super-8. **d.** Até Pelé, do alto de seus 60 anos, colocou-se como alternativa. **e.** O nosso Curso, reconhecido de utilidade pública pela Lei 410/80, conta com capacitada equipe de professores especializados.

4. a. Faça sozinho, ou melhor, faça como quiser. **b.** Com o seu cartão você acessa os serviços do banco as 24 horas do dia. Quer dizer, resolve toda a sua vida bancária. **c.** Há ainda a estabilidade no emprego, qual seja, a garantia de não ser despedido por motivos fúteis. **d.** A principal contribuição do SIMPLES é a diminuição do risco referente ao custo da mão de obra, ou seja, o INSS passa a ser sobre a receita e não sobre a folha. **e.** Não é o pedir mas é a fé que cura as doenças, isto é, a certeza da cura é que produz a cura.

5. a. E agora, José? **b.** É inútil, homens, o inimigo nos encurralou. **c.** Manuel, pode ir embora. [*Sem a vírgula, Manuel era o sujeito da frase. Aqui, é a pessoa interpelada.*] **d.** Não é, João? [*"Não é João?" tem um sentido bem diferente*] **e.** Foi você, Antônio, quem ganhou a corrida? **f.** Ouvi, ó céus, as minhas súplicas. **g.** Escute aqui, seu malandro, que história é essa? **h.** Quando é que o senhor pode nos receber, Governador? **i.** Este caso, meu senhor, deve ser tratado com o gerente. **j.** Papai, estou esperando uma carta sua.

6. a. Realmente(,) ficamos satisfeitos com o produto. [*Virgule só se quiser dar ênfase ao adjunto.*] **b.** O montante complementar do valor apurado em março será pago em moeda corrente nacional quando da formalização do plano. [*Não há necessidade de vírgula antes de* quando, *pois a circunstância de tempo está em posição normal, no final da frase.*] **c.** Em atenção ao ofício que nos encaminhou, nesta data dirigimos ao Ministro pedido de emprego para seu sobrinho. / Em atenção ao ofício que nos encaminhou nesta data, dirigimos... [*No 1° caso a expressão de tempo complementa o verbo* dirigimos. *Mas se você quiser se referir a um ofício* encaminhado hoje, *vírgula depois de* data.] **d.** Em Coimbra, desde aqueles tempos até agora, os cursos de Direito mantêm-se em destaque. [*Quando houver mais de um adjunto adverbial em sequência, separe-os com vírgula.*] **e.** Foi exposta aqui, ontem, a falta de sustentação da tese governamental de que o consumo exagerado prejudica as exportações. [*Separe os dois advérbios em sequência (aqui e ontem).*] **f.** Joãozinho não sabe(,) ainda(,) o que vai ser. [*Somente em caso de muito destaque você usaria as vírgulas – duas, não se esqueça.*] **g.** Ele pensa que ainda é o maioral. **h.** O Banco Central também expediu circular sobre a matéria.

7. **a.** Sua mãe, Maria Arminda, fez o primário no município baiano de Itambé. **b.** Zé Diabo pretende esculpir na pedra o busto do ex-governador de Santa Catarina Esperidião Amin. **c.** Causou escândalo a proposta do ex-professor da Escola Superior de Guerra José da Silva de desmilitarizar a Polícia Militar. **d.** O filho do primeiro presidente do antigo Tribunal de Costumes, Fernão Eiras Manuel, pretendia seguir a carreira do pai. **e.** O livro de Wilhelm Reich *Psicologia de Massas do Fascismo* (1933) faz uma análise brilhante das causas da ascensão de Hitler.

8. a. Os recursos foram aplicados em alimentos, vestuário, medicamentos, utensílios domésticos e material escolar. **b.** O seu genro não possui terras no Ceará nem em qualquer outro Estado. **c.** O sigilo bancário suíço tem sido ameaçado por uma crescente, discreta e eficaz pressão da Justiça. **d.** Fez o retrato mais completo, sutil, irônico, verdadeiro e humano que já vi. **e.** Aviador, jornalista, fotógrafo, chofer de táxi e caminhão, boxeador, ferroviário, produtor e ator de teatro, dentista, oficial da Marinha, policial, James Cagney percorreu todas as escalas sociais.

CAPÍTULO II – A VÍRGULA ENTRE ORAÇÕES

1. **a.** Enquanto seu pai tinha 12 filhos roçando junto, o referido agricultor tem apenas um, e a esposa não pode ajudar na lavoura. [*Observe que sem a vírgula antes do* e *poderíamos fazer a ligação "tem apenas um e a esposa". A questão aqui é de clareza.*] **b.** Saem as mulheres, e os homens ficam para um último drinque. [*Também neste caso a vírgula elimina a ambiguidade à primeira leitura.*] **c.** André Matarazzo foi morar com os avós maternos, e a cantora, que havia se dedicado de corpo e alma à carreira artística, continuou a enfrentar preconceitos e dissabores. **d.** Os problemas econômicos não vão desaparecer só porque o governo decidiu suspender o pagamento do que está devendo,

e incentivar ilusões deste porte seria apenas um exercício de irresponsabilidade e demagogia. **e.** Quanto à citada lei, ver art. 37, §§ 1º e 2º, **e** também a Lei 8.666/93.

A vírgula está fechando a intercalação dos parágrafos ao artigo da lei.

2. a. O novo mensageiro é lento mas eficiente. **b.** O filme pede um final trágico, mas o diretor mantém-se fiel ao seu estilo romântico. **c.** Essa é uma prova cabal do nosso lento porém firme amadurecimento cultural. **d.** Dois episódios diferentes, unidos pelo tempo mas separados no espaço, serviram de base para a novela. **e.** Ela reclama de mim(,) mas vive se preocupando comigo.

3. a. É uma pessoa interessante. Fala muito, *porém*. **b.** Achamos muitas coisas erradas. *Contudo*, mudar não é possível. **c.** Trata-se de um clube só para sócios; *portanto*, não podemos entrar. **d.** Os policiais aceitaram a proposta de 14% de reajuste, *porém* não admitem que o pagamento seja parcelado. **e.** Não é esse, *contudo*, o motivo que me traz à sua presença. **f.** Todo homem é mortal. *Logo*, sou mortal. **g.** *No entanto*, não podemos afirmar que todas essas instituições serão contempladas com verbas. **h.** Não vemos(,) *entretanto*(,) o que analisar. **i.** Diríamos(,) *portanto*(,) a esse jovem sacerdote que converta sua ambição ao serviço de Deus. **j.** Há(,) *todavia*(,) o maior interesse em arregimentar novos sócios.

4. a. Como todo mundo elogia a garota, achei melhor não contar a ninguém o seu erro. **b.** Conforme atestam os boletins, todos os alunos desta sala são superdotados. **c.** Se todos concordarem, ficaremos em casa e tomaremos chimarrão. **d.** Embora já estejam disponíveis no Brasil, esses produtos de alta tecnologia representam um passo decisivo na fotoquímica. **e.** Ainda que muito maligna, a droga circula no meio de milhares de jovens.

5. a. Embora procure se concentrar à beira-mar, o brasileiro parece preferir os esportes terrestres. **b.** As conferências agora publicadas não escapam à condição de trailer, ainda que o trailer seja bom. **c.** O importante, segundo os especialistas, é que o iniciante faça um bom curso antes de comprar um barco. **d.** Se você tiver dúvidas, consulte o dicionário. **e.** Depois que saiu o novo pacote, os brasileiros restringiram as compras.

6. a. Oito usinas foram fechadas, deixando sem trabalho milhares de agricultores. **b.** Deslumbrou Paris desfilando num microvestido de paetês. **c.** Estudando as lições atentamente, qualquer um aprende. [*A oração reduzida de gerúndio no início da frase deve ser separada por vírgula.*] **d.** A Terra é uma crosta flutuando sobre rocha derretida. **e.** Hermínio vai apresentar proposta ressaltando que a rede de telecomunicações é um bem público.

7. a. Sua mãe, que é professora universitária e portanto esclarecida, ainda o controla à distância. **b.** O evento, que é patrocinado por empresas locais, não contou com o apoio da Prefeitura. **c.** Nas cidades existem profissões consideradas femininas, cuja remuneração é sempre inferior. **d.** Tanto a filha Catarina quanto o filho Paulo, a quem ela havia abandonado recém-nascido, continuam a mantê-la e a pagar suas dívidas. **e.** Como Hillary Clinton, que se deslocou do papel tradicional de primeira-dama para conduzir um programa revolucionário de saúde, Ruth Cardoso reinventou seu papel.

8. a. Aquele baterista que você conheceu ontem, músico desde os 8 anos, está se apresentando no "Le Batuque". **b.** A Gênesis, uma das maiores clínicas especializadas do país, intensificará o trabalho com mulheres que poderiam ser doadoras. **c.** Na reunião de que participei, comentada até pelos jornais, só foram discutidos assuntos econômicos. **d.** Resolve deixar tudo para trás e começar vida nova num país que sempre considerou inimigo. **e.** Está decidido a vir morar no Brasil, país que sempre admirou, tão logo se aposente.

9. a. ao chegar ao Brasil **b.** em resumo **c.** em consequência **d.** obviamente **e.** Como foi então / assim tão cedo **f.** pelo presente **g.** no período de 10 a 20 de agosto **h.** para os devidos fins **i.** em anexo **j.** também

10. a. CERTO. As vírgulas estão corretas. **b.** CERTO. Vírgula correta, estilística. **É ouvir, e chorar**. Foi usada para provocar uma pausa maior e dar ênfase à frase. **c.** ERRADO. Escreva: "Envio-lhe um exemplar de Cultura e Liberdade, editado pela Imprensa Oficial de Minas e que reúne artigos e discursos ligados ao Fórum Cultural." OU: "Envio-lhe [...] Oficial de Minas, que reúne artigos". A vírgula e a conjunção coordenativa juntas é demasiado. **d.**

CERTO. A vírgula depois de *Extensão* é esclarecedora, necessária para separar as duas pastas, que nem todo leitor pode saber quais sejam: *Pesquisa e Extensão*, uma; *Ensino*, outra. Do contrário ficaria *Pesquisa e Extensão e Ensino*. Outra maneira de esclarecer a questão é repetir a preposição, sem a vírgula: Os professores Rodolfo e Romero foram nomeados(,) respectivamente(,) para as pastas de Pesquisa e Extensão *e de* Ensino.

11. a. Assim, por exemplo, a taxa de manutenção ficará congelada até março do próximo ano, quando voltaremos a entrar em contato com Vossa Senhoria. **b.** Agora está satisfeito o referido ministro, que, através dessa obra, pretende deixar sua marca no governo. **c.** Pedimos, portanto, que utilize o cupom impresso no corpo do jornal, preenchendo os espaços indicados com letra de fôrma. **d.** A revolução cultural chega, finalmente, ao Oeste do Brasil, onde se viam raríssimos museus até há bem pouco. **e.** Quem contou o caso foi a irmã do Rudernei, vulgo Rude. Ele, aliás, é considerado um homem bom e amável entre os companheiros de cela.

12. 3 (X) – Está apostando no novo negócio, no qual vai investir mais de um milhão de dólares. [*Adjetiva explicativa.*] 9 (O) – Hoje, a poucos dias da eleição, a situação inverteu-se. [*Dois adjuntos adverbiais, e o segundo interrompe o seguimento natural da ideia.*]

CRASE

1. a. à Associação b à classe **c.** levará à cena [*Por se tratar de cena indeterminada* (cf. pôr em cena), podia se pensar em a – preposição pura. Mas está consagrada a forma levar/ir à cena.] **d.** à patroa **e.** à sede do Governo **f.** à primeira plataforma / à sala **g.** à população **h.** às necessidades **i.** às espécies **j.** à criação

2. a. à Casa de Cultura **b.** à cidade **c.** *ao* centro **d.** *a* Manaus **e.** da pesquisa às atividades **f.** à Nação **g.** à escola **h.** *a* um público **i.** voltou *a* casa **j.** à promoção

3. a. à ilha **b.** *ao* aquietamento e à paz **c.** à saúde **d.** *a* Nova Iorque **e.** às famílias **f.** à carta **g.** *a* medida **h.** à aula **i.** *a* um projeto **j.** *ao* bom gosto; à inteligência. **k.** à Europa, fui *a* Roma **l.** à compra **a** prazo **m.** *a* remessa *aos* escritórios **n.** *a* Luiz Inácio Lula da Silva **o.** assistir à conferência [*A regência correta em português culto formal ainda é "assistir **a**".*]

4. a. assistir *a* Fernanda Montenegro. [*Não há crase por quê? Porque aqui não está se tratando a artista familiarmente (a Fernanda), mas profissionalmente; usou-se o nome por inteiro. O a é a preposição regida pelo verbo assistir.*] **b.** submetidos *a* votação [*Votação não está determinada: a (uma) votação (**nos** e não **dos**). Compare: "Foi convocado* para votação *do projeto tal".*] **c.** submetidos à votação de toda a Comissão **d.** levados à cena **e.** à disposição **f.** adequando às normas **g.** atender *as/às* necessidades [*Ambas as opções são possíveis, visto que* atender *pode ser usado indiferentemente como transitivo direto ou indireto (isto é, como ou sem a preposição **a**).*] **h.** à secretária ou *ao* digitador. **i.** batem *a* porta. [*Nesta frase, o significado de* bater *(transitivo direto) é empurrar e fazer barulho com a porta.*] **j.** batem à porta. [*Diferente é o caso de alguém que (toc, toc, toc) bate **na** porta.*]

5. a. Não vou à barraca de frutas mas sim à de verduras. (barraca) **b.** Prefere a novela das 19h à das 20h. (novela) **c.** Ouvimos uma voz que se igualava à que você tinha em criança. (voz) **d.** A festa de Natal este ano equivaleu à de 1985. (festa de Natal) **e.** Sujeitou-se tanto às sessões de curativo como às de fisioterapia. (sessões)

6. a. Foi fechado o acesso à ponte. **b.** Diga adeus à velha escola. **c.** José foi solicitado a dar parecer favorável à cobrança das alíquotas antes do prazo. **d.** Faremos a convocação em cumprimento à alínea 9.6 do edital público. **e.** O governo liberou verbas destinadas à recuperação do patrimônio atingido pelas cheias. **f.** Vinha anunciando incursões bem-sucedidas em redutos tradicionalmente ligados à nobreza. **g.** É necessária sua filiação à associação de funcionários. **h.** A venda de *best-sellers* está restrita às bancas de revistas. **i.** Não impôs nenhuma sanção às obras estrangeiras. **j.** O amor à arte se aprende desde pequeno. **k.** As demissões estão sujeitas à aprovação do Conselho Superior. **l.** Fez sua adesão à greve um pouco tarde. **m.** A Polícia Federal está fazendo um cerco às fraudes. **n.** Nota-se uma tendência geral à loucura. **o.** Na pele da personagem, ele foge às responsabilidades.

7. a. *a* Paris. **b.** à Itália. **c.** *a* Brasília. **d.** *a* Recife. [*Como também se trata a capital de Pernambuco de "o Recife", pode-se dizer "excursão ao Recife".*] **e.** *a* Santa Catarina. **f.** à Índia. **g.** *a* Congonhas do Campo. **h.** à Rússia. **i.** *a* Manaus. **j.** *a* Foz do Iguaçu.

8. a. à dor e *ao* cansaço. **b.** *ao* grande acontecimento e à data magna. **c.** *ao* trabalho e à disciplina. **d.** *ao* esplendor e à glória da vida na realeza. **e.** à nova administradora. **f.** *ao* filme e à exibição **g.** à população católica, à comunidade judaica e *ao* clero. **h.** à Secretaria de Obras **i.** *ao* tráfico de influências ou à divulgação **j.** à formação

9. a. limitada à zona pobre [*Limitada* ***a*** + ***a*** *zona pobre.*] **b.** sujeita *a* confirmação. [*Aqui, a expressão* ***sujeita a*** não se soma a um artigo feminino ***a****, pois está implícito que é "qualquer" confirmação ou "alguma" confirmação.*] **c.** somados *a* outras dotações do governo estadual e à capacidade de trabalho [*"Outras dotações" não está determinado. Se estivesse, você usaria "às" outras. Já a "capacidade de trabalho" está bem determinada, cabendo então o artigo, além da preposição inerente à expressão "somados a".*] **d.** direito *a/à* entrada livre [*Pode-se dar dupla interpretação: entrada livre em sentido indeterminado, isto é, direito a entrar livremente; ou entrada determinada: entrada* ***que é livre para os sócios****.*] **e.** abertos *a/à* visitação pública [*Pode-se usar dois argumentos: a visitação está determinada (é pública); por outro lado, não é necessário o artigo* *quando substituído por outra preposição:* ***para visitação pública****.*] **f.** ataques à indústria farmacêutica e *a* tais práticas [*A expressão é* ***ataque a + a*** *indústria farmacêutica e + tais práticas (práticas já está determinado por* ***tais****, não cabendo outra determinação).*] **g.** à Rua Viale [*A residência está localizada* ***na*** *(ou* à*) Rua V.*] **h.** para *a* Itália [*Esse a é um simples artigo. Acentuá-lo seria um exagero pois a preposição ligada ao verbo ir já está lá: para. Se trocarmos "para" por "a", aí fica: foi* à *Itália.*] **i.** Veio *a* público / repúdio à maneira [*A expressão é "vir a público", isto é, "tornar público", manifestar em público. E* **repúdio** *rege a preposição, estando a* **maneira** *individualizada.*] **j.** diz respeito à formação pré-escolar e *a* algumas soluções [*"Algumas" não admite artigo de jeito algum; além do mais, não se usaria* à *na frente de um plural, mesmo que feminino.*]

10. a. *Em relação à* solicitação **b.** *em relação à* moça **c.** *relativamente às* tabelas **d.** *com respeito à* difamação **e.** *respeito à* não classificação **f.** *em direção à* fronteira. **g.** *em direção a* casa. **h.** *em direção à* porta. **i.** *junto ao* meio-fio. **j.** *próximo a* uma aposentadoria. **k.** *próximo à* rua **l.** *Face ao* excelente desempenho [*Locuções semelhantes:* em face a, face a, em face de, à face de.] **m.** *Face às* necessidades **n.** *até as/às* últimas consequências. **o.** *até ao/o* pé do altar **p.** *em atenção à* reclamação **q.** *em atenção a/ao* pedido [*Aqui também depende da determinação que se dá ao pedido. Se está implícito que é "a um dos pedidos", use "em atenção a pedido"; se for mais específico, isto é, o correspondente já sabe a qual pedido se faz referência, escreva "ao pedido".*] **r.** *defronte ao* Palácio. **s.** *defronte à* barbearia **t.** com *referência à* música

11. a. à noite. **b.** à saída. **c.** À tardinha **d.** à sombra / ao sol. **e.** à frente **f.** à sombra. [*Veja como fica se você não acentuar o* a: *combateremos a sombra, isto é, lutaremos contra a sombra.*] **g.** à perfeição [*Se não houvesse o acento (apesar de "com perfeição" não conter o artigo), teríamos uma frase ambígua, em que* a perfeição *poderia ser o objeto direto do verbo: expressa a perfeição.*] **h.** à altura **i.** à fome. [*Nessa locução (à fome = de fome), o acento se faz necessário por questão de clareza (como em* expressa à perfeição, pintar à máquina, fique à vontade no seu lugar*), pois "matar a fome" significa outra coisa: saciar a fome.*] **j.** à mão. **k.** à pág. **l.** às folhas

12. a. Àquela altura **b.** à época **c.** À oportunidade **d.** Ao ensejo **e.** à mesma hora. **f.** à ocasião

13. a. às 14 horas. **b.** à meia-noite. **c.** *ao* meio-dia. **d.** às oito da noite. **e.** para *as* 23h30. **f.** Só espero até *as/às* 10 horas. **g.** das 18 às 21 h. **h.** entre *as* 15 e *as* 19 horas. **i.** Ficou aguardando o avião entre *duas e três horas.* [*Não use o artigo quando quiser se referir a uma variação de tempo: aproximadamente 2/3 horas de espera. Diferente ficaria a frase com os artigos definidos, exprimindo extensão no tempo: "entre as 2 e as 3h". Compare com: "esperei* **de** *uma* **a** *três horas" "esperei* **da** *uma* às *três".*] **j.** à 1 hora da tarde. **k.** para *as* nove e meia **l.** após *as* 22 horas. **m.** São 6h45min [*Só não se usa o artigo definido com horas depois do verbo* **ser**.] **n.** *A* que horas

14. a. *de* 6ª *a* 8ª série. **b.** *de* segunda *a* sexta. **c.** *desta* segunda à quarta-feira [*"Desta" especifica 2ª feira – é uma determinação, como se fosse "da".*] **d.** *de* sábado *a* domingo **e.** *de* 1 *a* 10. **f.** *da* página 12 à 20. [*A palavra página está subentendida antes do numeral 20.*] **g.** *dos* pés à cabeça / *da* cabeça *aos* pés. **h.** *desde os* primitivos habitantes *aos* homens astronautas. **i.** *da* pré-escola à 4ª série / *de* 4 *a* 14 anos. **j.** *da* próxima terça *ao* sábado seguinte. **k.** *de* 20 de abril *a* 1º de maio. **l.** *das* 7 da manhã às 8 da noite.

15. a. semelhante àquele que recebi de presente ano passado = *[semelhante] ao (vaso) que* **b.** idêntica àquela = à (toalha) **c.** Refiro-me àquilo = *ao (fato) ou à (coisa)* **d.** iguais àquelas = às (porcelanas) **e.** comunique primeiro àquele = *ao (diretor)* **f.** desafio àquelas convenções **g.** àquela moça **h.** agradeço ... àqueles = *aos (indivíduos)* ***i.*** Àquele amigo **j.** Prefiro esta proposta àquela.

16. a. Junte *a* este cupom **b.** Acrescente *a* estas informações **c.** que conduzia *a/à* casa [*Admitimos também como correto* o *a craseado, já que se pode submeter a referência à casa de um morador determinado, mencionado anteriormente no texto.*] **d.** à Casa de Misericórdia. **e.** pertencido *a* Maria Antonieta **f.** desceram *a* terra. **g.** caíam de volta à Terra. [*Terra = planeta. Não está em contraposição a "bordo".*] **h.** pintada *a* óleo. **i.** carros *a* gasolina [*menos comum: à gasolina; ver p. 74.*] **j.** *a* V. Exª.

PALAVRAS COMPOSTAS

1. a. meia-idade **b.** meio dia **c.** meio-tempo (ínterim) **d.** meia--noite **e.** meia-lua **f.** meio fio (compare: o meio-fio da rua) **g.** meia-luz **h.** meio-campo **i.** meia-volta **j.** meio-termo

2. a. para-raios **b.** porta-revistas **c.** caça-níqueis (ou caça-níquel) **d.** saca-rolhas **e.** porta-retrato (ou porta-retratos, se for o caso de armação para vários) **f.** para-choque **g.** conta-gotas **h.** guarda--comida (ou guarda-comidas) **i.** porta-garrafas **j.** porta-malas [*O bagageiro serve para acomodar várias malas. Pela lógica, vai no plural. No entanto, é difícil ouvir o s pronunciado. O mesmo acontece com o* porta-luvas *(porta-luva) do carro e outras palavras do mesmo naipe.*]

3. a. bê-á-bá (há uma opção melhor para substituir essa palavra com três acentos: *beabá*) **b.** arroz-doce / batata-palha **c.** filme-ensaio / hospital-escola **d.** dor de cabeça / dor de cotovelo **e.** almoço-palestra **f.** escola-modelo **g.** seguro-desemprego / auxílio-doença **h.** lua de mel /conto de fadas **i.** mestre-sala / samba-enredo / caso-verdade **j.** papel-jornal / papel almaço. [*É preciso assinalar que almaço é um simples adjetivo qualificativo de papel - o hífen aí é tão dispensável como o seria em papel branco e papel pautado. Diferente é quando se unem dois substantivos: papel--cópia, papel-borrão, papel-manteiga.*]

4. a. guarda-louças [*O primeiro elemento vem do verbo guardar, ficando invariável. Não é o caso de* guarda-noturno *(pl. guardas-noturnos) ou* guarda-florestal *(pl. guardas-florestais) em que a palavra guarda é um substantivo (o homem que vigia, o sentinela), tendo seu próprio plural.*] **b.** porta-níqueis **c.** porta-bandeiras **d.** guarda-sóis **e.** porta-vozes **f.** busca-pés **g.** quebra-cabeças **h.** porta-luvas **i.** mata-mosquitos

5. a. samba-enredo **b.** avião-hospital **c.** carta-convite **d.** papel--moeda **e.** carro-leito **f.** carvão-vapor **g.** faixa-título **h.** data-limite **i.** sala-depósito **j.** vale-refeição

6. a. painel histórico-teatral **b.** relatório técnico-financeiro. [Uma opção é continuar empregando *técnico e financeiro*, mas nunca a barra (/) no lugar do hífen.] **c.** tratamento médico-ambulatorial **d.** astúcia feminino-popular **e.** orientação administrativo-financeira **f.** assistência médico-odontológica **g.** influência político-partidária **h.** intercâmbio técnico-científico **i.** organização físico-espacial **j.** controle ético-disciplinar

7. a. despesas médico-hospitalares **b.** expressões artístico-culturais **c.** indústrias químico-farmacêuticas **d.** crianças surdo-mudas/surdas-mudas **e.** serões poético-musicais **f.** equipamentos médico-odontológicos **g.** colorações cívico-artístico-culturais **h.** memórias luso-afro-brasileiras

8. a. tratado anglo-germânico [*Ou, de uso bastante comum,* anglo-alemão. *O inverso é* teuto-inglês, *teuto de teutão, povo antigo da Germânia. Também como primeiro elemento pode-se usar* germano *em vez de* teuto, *como em: Seminário Germano-Brasileiro.*] **b.** império austro-húngaro [*Veja também*: ítalo-austríaco, austro-germânico, austro-brasileiro.] **c.** trovas galaico-portuguesas [É igualmente correto formar o composto assim: galego-portuguesas. Português *como primeiro elemento fica* luso: luso-brasileiro, luso-africano etc.] **d.** fronteira sino-russa **e.** o falar franco-provençal [*Outras variações*: franco-americano, franco-chinês, sino-francês, ibero-francês.] **f.** línguas indo-europeias [*O adjetivo pátrio referente à Índia deve ser* indo *ou* indiano *e não* hindu, *que além do habitante (sinônimo de* indiano*) designa os praticantes do hinduísmo. Diz-se, por exemplo,* indo-inglês *ou* anglo-indiano.] **g.** casais fino-brasileiros [*Não é expressão de uso corrente, daí termos dado, para facilitar, o sinônimo* finês, *qualificativo do habitante e da língua falada na Finlândia.*] **h.** tradição jurídica romano-germânica **i.** forças servo-bósnias **j.** colóquio ibero-sul-americano

9. a. ternos *azul-escuros* **b.** olhos *castanho-claros* **c.** suéteres *amarelo-claros* [*No feminino temos*: blusa amarelo-clara, poltrona amarelo-escura, faixas amarelo-escuras.] **d.** saias *azul-marinho* **e.** chapéus *laranja-escuro* **f.** tapetes *roxo-batata* **g.** Os *azuis-piscinas*

10. a. telerrecepção **b.** multiprocessador **c.** polissílaba **d.** micro-ônibus e maxissaias **f.** miniblusas **g.** microcomputador **h.** biopsiquiatria **i.** microrregiões **j.** radiofotos **k.** telessistema **l.** transoceânicos **m.** hidromassagem **n.** agropecuária **o.** psicossociais **p.** macroeconomia **q.** parapsicologia **r.** neotorcedor

ÍNDICE REMISSIVO

A entrada (palavra, parte de palavra, prefixo ou radical formador de palavra) deste índice seguida de reticências ou de hífen se refere a ocorrências no texto que começam com esse elemento. Por exemplo, audio... refere-se a audioamplificador, audiofrequência, audiolivro, audiotexto, audiovisual etc.; austro- refere-se a austro-brasileiro, austro-germânico, austro-húngaro.

VÍRGULA

CRASE

PALAVRAS COMPOSTAS

REFERÊNCIAS BIBLIOGRÁFICAS

ALI, M. Said. *Dificuldades da língua portuguesa*. 5. ed. Rio de Janeiro: Acadêmica, 1957.

______. *Gramática secundária da língua portuguesa*. 3. ed. São Paulo: Melhoramentos, s/d.

ALMEIDA, Napoleão Mendes de. *Dicionário de questões vernáculas*. São Paulo: Caminho Suave, 1981.

______. *Gramática metódica da língua portuguesa*. 32. ed. São Paulo: Saraiva, 1983.

ACADEMIA BRASILEIRA DE LETRAS. *Vocabulário ortográfico da língua portuguesa – VOLP*. 5. ed. São Paulo: Global, 2009.

AULETE, Caldas. *iDicionário Aulete*. Lexikon Editora Digital, 2008.

BECHARA, Evanildo. *Lições de português pela análise sintática*. 16. ed. Rio de Janeiro: Lucerna, 2001a.

______. *Moderna gramática portuguesa*. 37. ed. Rio de Janeiro: Lucerna, 2001b.

BORBA, Francisco S. *Dicionário de usos do português do Brasil*. São Paulo: Ática, 2002.

CAZES, Quitterie et Daniel. *Toulouse*. Bordeaux: Editions Sud-ouest, 1994.

CEGALLA, Domingos Paschoal. *Novíssima gramática da língua portuguesa*. 9. ed. São Paulo: Editora Nacional, 1968.

______. *Minigramática da língua portuguesa*. São Paulo: Companhia Editora Nacional, 1996.

CUNHA, Celso e CINTRA, Lindley. *Nova gramática do português contemporâneo*. 6 ed. Rio de Janeiro: Lexikon, 2013.

DACANAL, José Hildebrando. *A pontuação – teoria e prática*. Porto Alegre: Mercado Aberto, 1987.

DIAS, Augusto Epiphanio da Silva. *Syntaxe histórica portuguesa*. 4. ed. Lisboa: Livraria Clássica, 1959.

FERNANDES, Francisco. *Dicionário de sinônimos e antônimos da língua portuguesa*. 2. ed. Porto Alegre: Globo, 1946.

FONSECA, Rubem. *A grande arte*. 2. ed. Rio de Janeiro: Francisco Alves, 1983.

FREIRE, Laudelino. *Grande e novíssimo dicionário da língua portuguesa*. 3. ed. Rio de Janeiro: José Olympio, 1957.

GALLO, Dorothy Camargo. *Endiabrada*. Porto Alegre: WS Editor, 1999.

GARCIA, Othon M. *Comunicação em prosa moderna*. 14. ed. Rio de Janeiro: Fundação Getúlio Vargas, 1988.

GOES, Carlos. *Método de análise morfológica e sintática*. 24. ed. Rio de Janeiro: Francisco Alves, 1961.

GUIMARÃES, Josué. *Camilo Mortágua*. Porto Alegre: L&PM Editores, 1980.

HOUAISS, Antônio. *Dicionário Houaiss eletrônico da língua portuguesa*. Rio de Janeiro: Objetiva, 2009.

KURY, Adriano da Gama. *Análise sintática*. 3. ed. Rio de Janeiro: Fundo de Cultura, 1964.

LAPA, Manuel Rodrigues. *Estilística da língua portuguesa*. 3. ed. Rio de Janeiro: Acadêmica, 1959.

LUFT, Celso Pedro. *A vírgula*. São Paulo: Ática: 1998.

______. *Dicionário prático de regência verbal*. São Paulo: Ática: 1987.

______. *Grande manual de ortografia globo*. Porto Alegre: Globo, 1983.

______. *Moderna gramática brasileira*. 6. ed. Rio de Janeiro: Globo, 1985.

______. *Mundo das palavras*. Jornal Correio do Povo, Porto Alegre, artigos diversos, 1977 a 1982.

MADRE OLÍVIA. *Pontuação: uso da vírgula*. 2. ed. São Paulo: J. Ozon, s/d.

PEREIRA, Eduardo Carlos. *Gramática expositiva: curso superior*. 105. ed. São Paulo: Editora Nacional, 1957.

SILVA, Deonísio da. *Avante, soldados: para trás*. São Paulo: Siciliano, 1992.

SCHMITT, A. L. *Pontuação*. Porto Alegre: Globo, s/d.

VERISSIMO, Erico. *Um lugar ao sol*. Porto Alegre: Globo, 1956.

Este livro foi impresso em Cajamar, SP, em outubro, 2020,
pela Oceano Indústria Gráfica e Editora para a Lexikon Editora.
A fonte usada no miolo é a ITC Stone Serif, em corpo 10.
O papel do miolo é offset 63g/m² e o da capa é
cartão 250g/m².